不一样的
百科全书

埋藏地下的故事

逸影/编著

河南电子音像出版社　　华夏出版社
HUAXIA PUBLISHING HOUSE

图书在版编目（CIP）数据

埋藏地下的故事 / 逸影编著. —郑州：河南电子音像出版社；
北京：华夏出版社, 2015.1
（不一样的百科全书）
ISBN 978-7-5080-7718-5

Ⅰ.①埋… Ⅱ.①逸… Ⅲ.①考古发现—世界—少儿读物
Ⅳ.①K86-49

中国版本图书馆CIP数据核字（2013）第 147813 号

埋藏地下的故事

作　　者　逸影
责任编辑　唐永平　韩平　许婷　倪友葵

出版发行　河南电子音像出版社
　　　　　　（地址：郑州市经五路 66 号　邮政编码：450002）
　　　　　　华夏出版社
　　　　　　（地址：北京市东直门外香河园北里 4 号　邮政编码：100028）
经　　销　新华书店
印　　刷　北京鑫富华彩色印刷有限公司
装　　订　北京鑫富华彩色印刷有限公司
版　　次　2015 年 1 月第 1 版
　　　　　　2015 年 1 月第 1 次印刷
开　　本　710×1000　1/16 开
印　　张　8
字　　数　160 千字
定　　价　19.80 元

目录

两河遗珠
吾珥城

　　古代文明的发源地一般会在大河流域，像中国就是依傍着长江、黄河而发展起来的。在底格里斯河与幼发拉底河旁边，苏美尔人、巴比伦人、亚述人等在这里建立了两河流域的文明，世界上许多的第一都是从这儿开始的。下面，让我们再一次走入两河流域，去寻找一下它奉献出的一颗地下明珠——吾珥城！

发掘两河流域的文明

　　两河流域的文明众所周知，所以这里也曾来过无数的考古学者，正当人们以为不会再有什么发现的时候，1922年，英国人查尔斯·伦纳德·伍利却有了意外的收获！

　　最初，工人们不耐烦地挖着一层层的泥土，谁都认为伍利在做一件徒劳的事儿。就在对第一条壕沟深入掘进时，一些用黏土和石头做成的罐子、铜制工具和黄金制成的念珠出现在人们面前，这些东西让所有的人都来了精神！

　　紧接着，另一些用光玉髓或肉红玉髓的红宝石、深蓝天青石制成的念珠又相继出土。通过对这些东西的鉴定，当时还是考古界新人的伍利马上意识到，这些东西一定是陪葬品。在古时的两河流域，这些东西都是沿着贸易通道从遥远的伊朗和阿富汗运来的，价值非常高。能享有这些陪葬品的人不可能是普通人家，所以这一定是一个贵族的大型墓葬，里面一定还有更丰富的宝藏。

　　但是伍利并没有继续往下挖，他觉得这些工人没有经过专业培训，即使有发现他们也不会辨识，而且他们粗重的手脚可能会把文物破坏。之前的考古工作者与盗墓人并没有太大区别，所以不但不能研究，还有可能会对墓室造成破坏。

　　四年之后，他再次来到这里，这时他已经掌握了一些先进的考古技术手段，比如

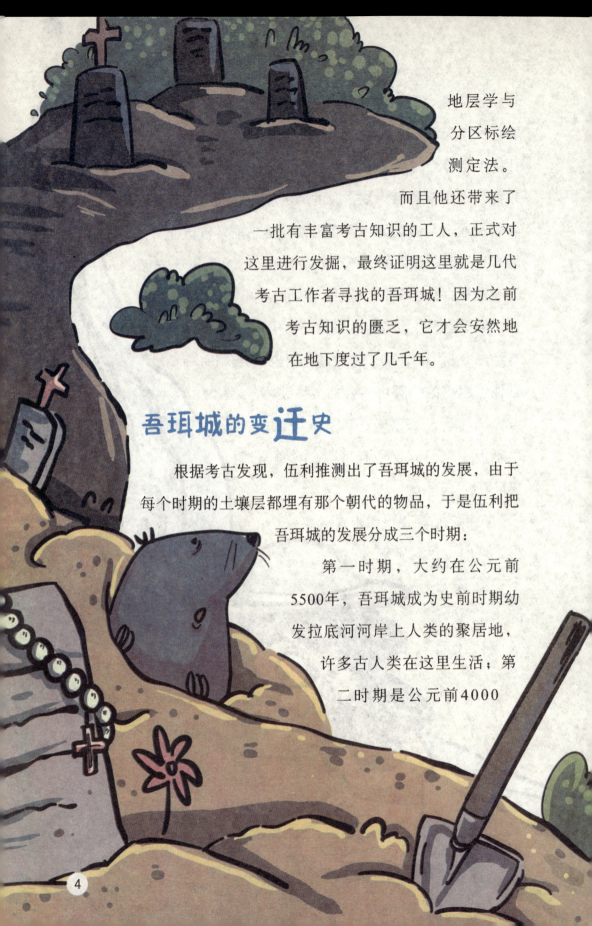

地层学与分区标绘测定法。

而且他还带来了一批有丰富考古知识的工人，正式对这里进行发掘，最终证明这里就是几代考古工作者寻找的吾珥城！因为之前考古知识的匮乏，它才会安然地在地下度过了几千年。

吾珥城的变迁史

根据考古发现，伍利推测出了吾珥城的发展，由于每个时期的土壤层都埋有那个朝代的物品，于是伍利把吾珥城的发展分成三个时期：

第一时期，大约在公元前5500年，吾珥城成为史前时期幼发拉底河河岸上人类的聚居地，许多古人类在这里生活；第二时期是公元前4000

年，苏美尔人大力发展，在这里建造了城市，不过吾珥城也不只是苏美尔人的天下，它还曾隶属于古代中东地区的某些帝国，如巴比伦、亚述等；最后一个时期，到了公元前400年左右，由于幼发拉底河河床迁徙，这座几经沉浮的古城变得干旱缺水，城中居民不得不迁移外地，吾珥城大概就在此时走到了尽头。

吾珥城的墓葬群

　　伍利在发掘每一处遗址时都十分小心，考古队也慢慢熟练起来，发现的墓葬也越来越多，最后竟然发掘出了1850座坟墓。

　　这些墓有的是长方形的井穴，有的是用石块或砖头砌成、具有拱顶的室形墓穴，这两种墓穴让人一看就十分明了，井穴是平民的墓葬，而那室形的墓穴是皇室的墓。这样算来的话，1850座坟墓中有16座属于王室成员，也就是说，4年前挖出的东西指引着人们挖开了一座真正的皇家王陵！

　　不过这些陵墓经历了千年，曾被盗墓者多次破坏，

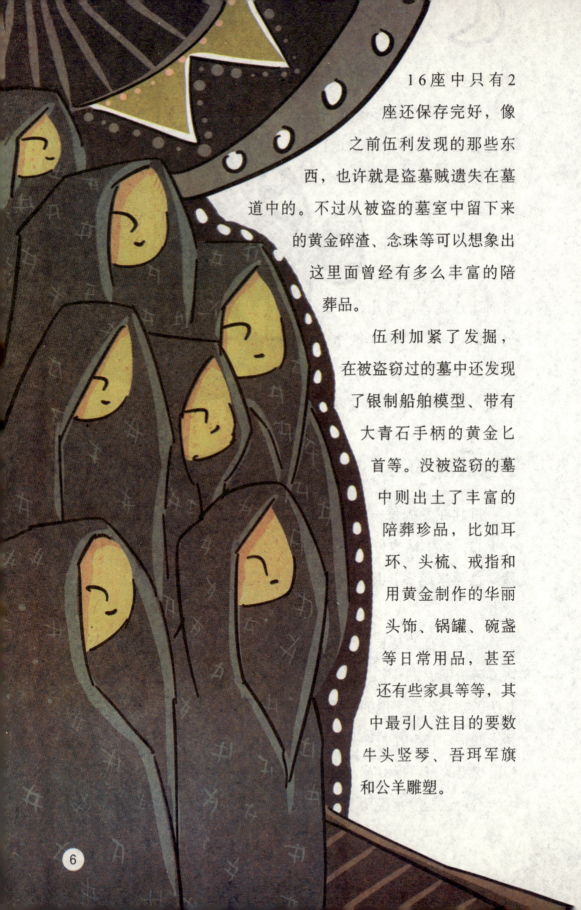

16座中只有2座还保存完好，像之前伍利发现的那些东西，也许就是盗墓贼遗失在墓道中的。不过从被盗的墓室中留下来的黄金碎渣、念珠等可以想象出这里面曾经有多么丰富的陪葬品。

伍利加紧了发掘，在被盗窃过的墓中还发现了银制船舶模型、带有大青石手柄的黄金匕首等。没被盗窃的墓中则出土了丰富的陪葬珍品，比如耳环、头梳、戒指和用黄金制作的华丽头饰、锅罐、碗盏等日常用品，甚至还有些家具等等，其中最引人注目的要数牛头竖琴、吾珥军旗和公羊雕塑。

"死亡坑"原来就是陪葬坑呀

除了大量的珍宝陪葬品外，伍利在吾珥王陵中还发现了一座王后墓室，里面的女尸身高约1.8米，死亡时应该只有40岁，她仰躺在木质棺木中，全身上下都是珠宝！

她的头上戴有精美的纯金头饰，由赤金带、金叶、天青石珠与梳状金冠组成，耳下缀着一对巨大的由黄金和宝石打造成的月牙状耳环，身上披着由宝石串珠连缀而成的披风，脚底、身侧还带有珍贵宝石制成的其他饰

物，件件华丽，显示出了她的地位。其中还发现了一枚天青石印章，刻有"王后蒲阿比"，看来这是一位叫蒲阿比的王后哦！

在蒲阿比王后墓室中还放有25具陪葬尸体，在整座吾珥王陵中这是极平常的事儿。小朋友看到这里应该也会有所了解了，看来不只是中国的古代有殉葬的习俗，两河流域的吾珥城也有呀！

墓室中殉葬的人有的和墓主人在一个室里，有的葬在侧室中，或与墓主同葬于主墓室，或葬于与主墓室相连的侧室内。但是这些人并不像中国墓葬中大部分都是仆人、奴隶，而是从奴仆到随从，从贵族到大臣，甚

至王室的家人都在里面。

虽然历经千年，这些骷髅的衣饰已经腐蚀了很多，但可以看出当时他们应该是穿戴整齐后躺在墓室中的。在每具骷髅的旁边都摆着一个杯子，看来他们是喝了毒药或毒酒后墓穴才被封闭，并不是在里面因窒息而死的。

伍利对眼前的情景很感慨，于是他给这些墓葬还起了一个恐怖的名字——"死亡坑"。

猜猜看

吾珥军旗是旗子吗？

小朋友不要认为这个吾珥军旗就是军队用的旗子哟，它其实是两块表现战争的装饰板哦。

它是用贝壳、闪绿石、粉红宝石镶拼在沥青底板上的两块饰板。第一块饰板分三层描绘了吾珥的战争情景，第一层是吾珥王在士兵的陪同下视察战俘；第二层是取得胜利的吾珥战士；第三层是吾珥军队的出征和凯旋。

第二块饰板也分三层描绘了庆功宴场景，因为它所描绘的内容，所以被考古学家称为"战争与和平之旗"。

石窟其实是藏经洞

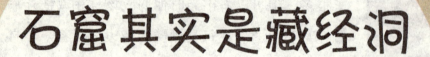

　　古代人们的家里常常会把墙做成两层，人们叫它"夹壁墙"。小朋友从电视中常常看到以前人们转动某个机关后，墙"咔咔"地就打开了，里面有一个小空间，或者通过密道连接一个地下室，很多宝贝以及重要的东西都藏在那里。有一天，一个道士在看壁画的时候，墙突然开了，道士被惊呆了，道士发现了什么呢？呵呵，那就继续看下去吧！

一个道士的意外发现

自古以来，佛教在我国广为传承。古丝绸之路上的甘肃省西部小城，因得天独厚的地理位置和特殊的历史背景，中国十几代王朝都在这里修建石窟，其中最著名的是敦煌莫高窟。

但是300年后，在几乎没有什么人还记得敦煌的时候，一个叫王圆箓的道士却总在这里转来转去。他本是一个农民，因为家乡连年干旱，就逃到了现在的甘肃酒泉当了一个边防小卒，退伍后做了道士，云游四海。到了莫高窟后，他给敦煌寺院讲经诵道，于是定居下来。

王道士在有了一定积蓄后，想按照自己信仰的道教来改造石窟。于是在1900年的一天，王道士先从现在的莫高窟第16号石窟改起，他先把一个约7米长的甬道里的积沙清除掉，通道两壁露出了宋代人画的菩萨像，画得并不精细，但因为积沙保护，所以保存得相当完好。正当他不经意地欣赏着壁画时，突然通道的北壁墙"轰"地裂开了一道缝儿，把他吓了一大跳。他轻轻地凑上前去，用烟管在裂了缝的墙上敲了几下，这下他更加吃惊了，原来墙壁是空的！这时，他突然意识到，像这样的墙在古时十有八九会是藏储宝物之地，但他不知道这里其实就是藏有近50000卷经书的藏经洞。

藏经洞发现**后**的尴尬

　　王圆箓道士是个很贪心的人，等到天刚黑，他又一次悄悄来到了这个地方，发现里面有一个紧闭的小门。打开门，里面是一个高约160厘米，宽约270厘米的内室。室中

堆满了经卷、文书、绣画、法器等。本以为会是什么珠宝，却是一些这样的东西，他以为不值几个钱，于是取出几份经卷送给了县长汪宗翰。

县长汪宗翰见多识广，知道这些古物的价值，他什么也没有告诉王道士，依仗权势向王道士索要了一批画像和写本，并送给当时的甘肃学台叶宗炽一部分，其中就有北宋乾德六年的水月观音像。

汪宗翰建议把洞中文物运到省城来保存，但是当时的清政府却没有理睬，他们觉得花费高昂的路费运送这些"废纸"根本不值得，于是只发了条命令让王圆箓道士封起藏经洞。但是这个王道士也没有按命令认真保管。就这样，消息悄悄地传到四面八方，最后许多经书因此不知去向了。

佛学艺术的圣地——藏经洞

　　百年后的今天，让我们再次了解一下这个藏经洞。这里面保存的一万多册著作中的绝大多数是佛教著作。这些著作几乎包括了各个佛教宗派的经典，这些经卷不仅门派齐全，还把经、律、

论包括其中。因此，可以说藏经洞所保存的佛教经典非常完整。在藏经洞中发现的写本数量最多的是《妙法莲花经》《四分律》《佛名经》等。这些写本的年代较早，所以可以用来校勘。

但是其中也包括一些被历代视为疑似伪经的经典，并不是从印度传过来的译本。这些"伪经"在当时确实给佛教界造成了混乱，但现在看来这正是中国佛教的特点，成为研究中国佛教史的宝贵资料。

藏经洞中除了大量的佛经外，还有一些道家、儒家的经典及一些历史名著，甚至还有一些有关敦煌历史、文化、风俗的著作。

是谁建了藏经洞

敦煌莫高窟的藏品令世界十分震惊，这个封闭了近千年的藏经洞更让人感到疑惑不解，是谁把几万册的经书藏到了这里？又为什么要藏起来呢？

有人认为，可能是宋初时莫高窟僧人为了躲避战乱，临走前把经卷、佛像、杂书等藏到洞

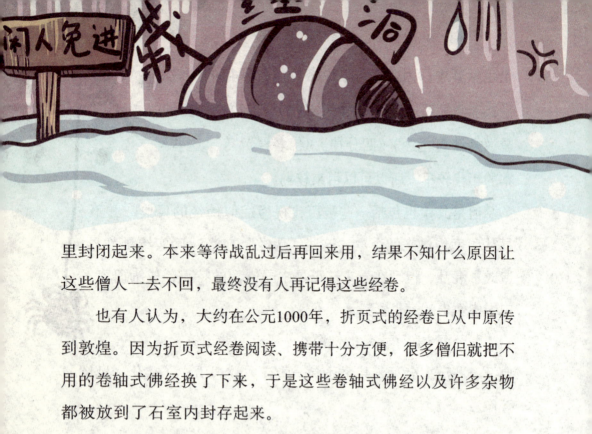

里封闭起来。本来等待战乱过后再回来用，结果不知什么原因让这些僧人一去不回，最终没有人再记得这些经卷。

也有人认为，大约在公元1000年，折页式的经卷已从中原传到敦煌。因为折页式经卷阅读、携带十分方便，很多僧侣就把不用的卷轴式佛经换了下来，于是这些卷轴式佛经以及许多杂物都被放到了石室内封存起来。

总之，无论什么原因，在敦煌的窟洞中留下的许多宝贵财富，成为我们研究那个时代的最好资料。

你知道中国的石窟吗？

印度佛教传入中国后，中国修建了大量的寺庙，还开凿了很多石窟。从规模或艺术成就来说，我国有四大著名的石窟，除文中提到的敦煌莫高窟以外，还有云冈石窟、龙门石窟和麦积山石窟。

这些石窟大多分布在新疆地区、甘肃西部、黄河流域和长江流域。这些地区居民很多，商业贸易来往也非常频繁。

17

商朝的都城遗址多

　　中国经历了许多朝代，很多城市都曾经做过都城，比如现在的首都北京，历史名城西安、洛阳、南京，还有开封、杭州等。但是一般情况一个朝代都只有一个都城，不到万不得已谁会搬着都城玩呢？但是商朝就不一样，连着13次迁都，人们已经发现的就有三座都城遗址。那么郑州是史书中的"亳都"还是"敖都"呢？小朋友，让我们一起去瞧一瞧吧！

考古发现的都城遗址

考古工作者在发掘中已经发现了三座商代都城遗址，其中保存最好的一座就是郑州的商城，它经历了3600多年，至今还保存有5米高的城墙呢！

1955年，人们开始对坐落在商代遗址中部的郑州商城进行清理。商城呈长方形，北面中部略有些突出，北面的城墙长1690米，西城墙长1870米，东城墙和南城墙各长1700米，城内面积大约为315万平方米。城墙基础宽达32米，主城墙上内外都有夯实的护城坡，南城墙外面有熊耳河流过，金水河在城的北面

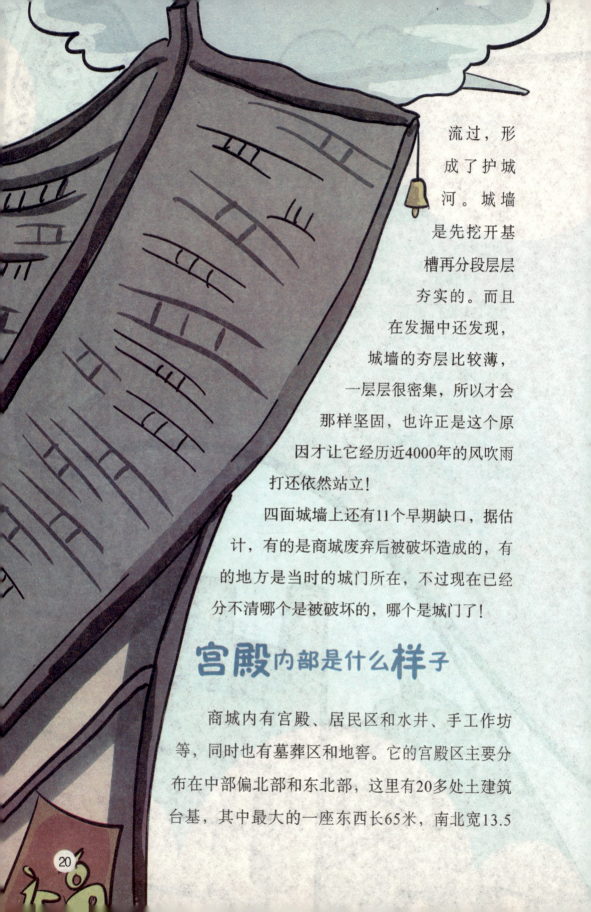

流过，形成了护城河。城墙是先挖开基槽再分段层层夯实的。而且在发掘中还发现，城墙的夯层比较薄，一层层很密集，所以才会那样坚固，也许正是这个原因才让它经历近4000年的风吹雨打还依然站立！

四面城墙上还有11个早期缺口，据估计，有的是商城废弃后被破坏造成的，有的地方是当时的城门所在，不过现在已经分不清哪个是被破坏的，哪个是城门了！

宫殿内部是什么样子

商城内有宫殿、居民区和水井、手工作坊等，同时也有墓葬区和地窖。它的宫殿区主要分布在中部偏北部和东北部，这里有20多处土建筑台基，其中最大的一座东西长65米，南北宽13.5

米。根据推测，这里最初有一座九开间重檐顶宫殿，殿外还有一周鹰廊。最小的土台台基也有100平方米以上，这应该是其他一些小宫殿。

在这里，还发现了一道与宫墙平行的供水设施，这个设施由地下石板筑水管道、夯土和汲水井三部分构成，长约40米。水管道在地面下4米，用石板和草拌泥垒砌而成，管道内铺盖着石板，石板之上有夯筑的3米厚的土层。汲水井在管道的中部，一共有四眼，一字排开平均分布在管道上。靠南墙还有一个二层台，估计是清淤设施，这道供水设施的顶头是蓄水池，也是用石板铺底，用不规则形状的石块砌池壁。蓄水池和水管道、汲水井构成了一套完整的供水系统，与现在的供水系统已经极其相似了。

　　人们在宫殿区内还发现了商朝残忍的用人祭祀的痕迹。宫殿区内部有一条南北走向的壕沟，当考古人员挖到15米左右的时候，100多个人的头骨出现在大家面前，而且这些头骨都是被从眉骨到耳际锯开的，那样子让每一个看到的人心里直发颤。除了人之外，在北部还有八个葬狗的坑，分成三排一共葬了92只狗。但令人奇怪的是狗坑中还埋着两个人，而且有的坑中还有龙形的金叶子，专家推测这些都是举行祭祀活动的遗存。

兴盛发达的商朝

　　商朝时期的手工业得到大力发展，因此手工业作坊大批量出现了。从郑州的遗址来看，这些手工作坊都没有在宫城内，就像现在的工业区一样，它们并没有在市里，而是分布在了城郊。

清理遗址时发现这些手工作坊主要分布在城外南、北、西部，而且不同种类的手工作坊并没有在一起混杂着，比如铸铜作坊主要在城南和城北，主要以铸造青铜器为主；制陶的作坊在城西，一共清理出了14座陶窑；制骨作坊在城北，出土了1000多件骨制品。

这些作坊都已经初具规模，有供自己使用的得力工具，由此可以看出当时商朝的兴盛。

商朝陪葬的习俗

商朝的墓葬区是分布在四周各处的，一般情况下，我们可以从这个朝代的墓葬中发现这个朝代的文化、风俗等，打开郑州商城的墓葬区后，发现上古时期人殉葬的风俗除了皇室以外，有一些有钱人也这么做！

考古工作者在这里发现墓葬有100多座，以小型墓最多，中型墓比较少。小型墓应该就是当时平民的墓。小朋友要注意哦，当时是奴隶社会，平民是高于奴隶的人，因为身份自由，所以家里也会有一些积蓄，他们的陪葬品主要是以鬲、豆、盆、爵等为主的陶器，当然不会有活着的动物或者人殉葬。

中型墓一般就是有地位的人的墓葬，他们的墓就有些讲究了。其中，有的有棺有椁，墓底铺朱砂，有腰坑，腰坑中有用陪葬的狗，有些墓中还出现了殉葬的人。有的墓中随葬器物比较丰富，有鼎、鬲、觯、爵、觚、尊、盘等青铜器，还有各种玉饰以及象牙杯、象牙梳、玛瑙珠、象征钱币的货贝等，表明墓主人地位已经相当高了！

从这些墓葬中的陪葬品和宫城内的祭祀品可以看出，狗在当时应该是他们殉葬、祭祀用的主要动物，不像以后的人们常常用猪、牛、羊，但是到现在也没有发现商朝王室的墓，王室的墓应该比中型的墓更有价值才对。

郑州商城是"毫都"还是"敖都"

我们了解了这么多关于郑州商城的情况，现在出现了问题，小朋友都知道商朝迁都很多次，那这

郑州商城是商的哪一个都城呢？史料记载，自建立商代以后到汤迁都八次，灭夏之后建都毫，然后又经历了五次迁都，分别迁到了敖、相、邢、奄、殷。如果知道了这是哪个都城，就可以了解这些是商早期还是中期的文明了！

　　人们研究之后始终无法确定这个问题，有的认为根据年代判断应该是仲丁所建的敖都，是商代中期的遗址，但也有人说那应该是商汤王建的毫都，是商代早期的都城。从遗址发现以来，人们对这个问题始终争论不断，至今没有人能给出一个确切的答案。

猜猜看

制骨作坊是做什么的？

　　在夏商时期，人们用的一小部分工具和大部分的首饰都是用骨制成的。比如商朝的遗址中就发现了骨料、骨制半成品和砺石等1000余件，还有一部分镞、簪等成品。

　　在一些骨料的上面有锯割痕迹，看来是先将骨骼切割，再送到这里加工的。

　　这些骨料有一半是牛、鹿等动物骨骼，但是令你想不到的是，剩下的一半是人的肢骨，且大多为青壮年的骨骼，也许是战争中的俘虏或奴隶的。

远古时代留下的
人类足迹

　　小朋友，你知道吗，人们竟然在一块5亿年前的三叶虫化石岩石断面中发现了一个人的脚印！更神奇的是，这个踩着三叶虫的"人"竟然穿的是皮鞋呀！难道那时候已经有人类了吗？赶快读下去吧！

踩着三叶虫的皮鞋

　　1968年6月，美国业余化石爱好者米斯特与他的妻子和两个女儿前往犹他州的羚羊泉收集化石，跟他们在一起的，还有他的朋友谢普夫妇和他们的女儿。他们认真地寻找着每一寸岩石，当他们找到了几个三叶虫化石后，就开始兴奋起来。

　　米斯特用锤子敲开一块约4厘米厚的石头，那块石头竟然像书本一样打开了，这是很平常的事，大部分有化石的岩层都会是这种页岩。但是令人惊奇的是，这页"书"中竟然出现了一只清晰的人类脚印，他踩在一只完整无缺的三叶虫上，更奇特的是，那

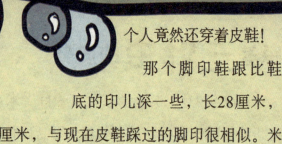

个人竟然还穿着皮鞋！

那个脚印鞋跟比鞋底的印儿深一些，长28厘米，宽8.5厘米，与现在皮鞋踩过的脚印很相似。米斯特又激动又惊奇，他准备把石块送去地质学家那里检验，但不知道找谁好，所以就在当地的《德西乐新闻报》上发表了这则消息。很快，这个消息便传遍了美国，在世界其他国家也引起了轰动。

人类不可以踩上
三叶虫吗

三叶虫是生活在六亿年前古生代浅海中的甲壳类动物，它们约3~10厘米长。因为它的身体有三个叶体，两叶位于纵向轴叶的每一侧，所以人们才叫它三叶虫，现在世界上已经从六亿年前的地层中发现了很多三叶虫化石。

但是，在大约两亿年前的地层中就没有见过它们了，可见它们已经灭绝，从地球上消失了。人类在三叶虫早已灭绝了两亿多年后的两百万年才出现，所以人类和三叶虫根本就没有生活在同一时代过，那么，三叶虫怎么会被人的皮鞋踩住呢？

人类生活的年代，与三叶虫出现的时代相差两亿七千多万年，而人类穿上鞋子的历史最多只有三四千年。如果有一只皮鞋踩在三叶虫上，那简直是完全不可能的事儿！

然而，这样令人难以置信的怪事竟然发生了！

为什么皮鞋会踩上三叶虫

三叶虫出现的时候并没有人类，那时的所有生物处于低等状态，甚至连脊椎动物都没有，当然就不会有什么其它兽类的脚长得像穿着皮鞋的，那么，这踩着三叶虫的皮鞋印儿又是谁留下的呢？也许这个脚印与三叶虫没在同一时代，只是碰巧遇到了而已。

但是这一想法很快被人否定了，因为通过检验，那存在脚印的岩石是属于寒武纪的，也就是说，那个穿皮鞋的人与三叶虫是同年代的。

越是奇怪的事往往会连续发现，在同年的7月，又有人从一块页岩中发现了一个小孩子的足印，脚上没有穿鞋，能清晰地看到他分开的脚趾。在这之后，盐湖城公立学校系统的教育工作者

丁·比特先生又发现另外两块穿凉鞋的足印。这两块足印没有踩着三叶虫，但在足印附近的同一块岩石中发现了一片三叶虫，可以证明这个穿凉鞋游玩的人与三叶虫应该就是同一时代。

这究竟是怎么回事？人类应该不会在三叶虫的时代出现，那这个脚印是怎么回事儿呢？一切的问题成了不解之谜，有些外星人研究者认为，那应该就是其他星球穿着皮鞋的两只脚的智慧生物留下的，他们到地球上转了一圈，我们没法了解他们做了什么，只是看到了他们的足迹。

当然，外星球的智慧生命一说没有什么根据，但是到现在没有人能解释为什么会出现这样踩着三叶虫的皮鞋印儿，也许外星人之说算是一个解释吧！

寒武纪是什么时代?

人们通过考古，把地球的历史划分成几个地质时代，寒武纪就是其中之一。寒武纪距今5.42亿年，这个时代延续了5370万年，是地球生物史上一次大的发展时期。

在寒武纪的地质岩层中，发现了很多有着坚硬外壳、门类众多的海生无脊椎动物，以三叶虫最为常见，一般情况下认为从这个时期起，地球上开始有生命。

沉睡千年的辛追夫人

小朋友，你相信尸体经历千年而不腐烂吗？呵呵，这也许只是个神奇的想法！可是在马王堆汉墓中，人们却挖掘出了千年不腐的女尸身，她保存完好，样子就像刚刚去世一样。你知道为什么女尸千年不腐吗？你想知道这个女尸是什么身份吧？呵呵，那就读下去吧！

马王堆汉墓被打开啦

　　在浏阳河的西岸，有一个大土堆，土堆上有两个圆形土冢，底部相连，像马鞍一样，人们管这儿叫"马鞍堆"。相传这里就是五代时期楚王马殷及其家族的墓地，所以人们称这里为"马王堆汉墓"。

　　1973年年底，考古人员挖掘后发现，这里其实是汉初丞相利苍家族的墓。里面一共有三个人，分别是利苍、利苍的妻子和儿子。这个墓室的出现不仅让我们了解了古汉朝，更重要的是这里出土的文物让世人都感到惊叹！

　　这里出土的随葬品也非常丰富，并且很有当时的时代特点。汉代随葬品大多是生活用品，如器皿、物品、食物等，有的甚至会把房屋、田地、牲畜之类制成模型一起随葬。马王堆汉墓自然也不例外，这里出土了大量的丝织品，如轻薄的素纱单衣，大量的漆器，还有一个供墓主人阴间使唤的木俑，这

些东西向人们呈现出了一个鲜活的历史生

活场面！

一位 睡 了千年的 美女

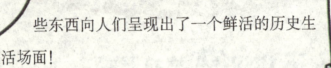

利苍的妻子辛追夫人的墓被打开之后，人们看到了一位历经

千年的女尸！她没有化为泥土，也没有变成骨架，而是像昨天刚

刚下葬的一样，依然安静地躺在墓室中。

她的身上盖着两层衾被，专家花了近一周的时间才脱掉她

身上的衣服。出土时，整个身体状态如正常人睡着了一样，

外形完整无缺，全身柔软还富有弹性，皮肤细密而滑腻，部

分关节还可以转动，甚至手足上的纹路也可以看得清清

楚楚。

她头上缀着各种贴叶

的漆花木饰，也许由于

头发稀疏，所以缀连着

假发并盘成髻，发

髻中插着发笄。她

的脸型偏圆方，脸上覆

盖两层丝织物，只是由

于时间久长，造成了眼球突

出，舌头向外吐着。不过只看体态，即使以我们现代的眼光来看，也绝对是一个美女。

她身上的皮肤为褐黄色，双手握绣花香囊，里面装着香草，双脚穿着青丝履。经专家研究鉴定，她身上最里面一层的衣物是"信期绣"罗丝锦袍，外面是细麻织物，最外面横扎着丝带。她身上盖的两层衾被，分别是印花敷彩黄沙锦袍和"长寿绣"绛红绢锦袍。

女尸为什么千年不腐

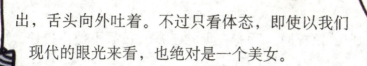

辛追夫人的尸体出土后，世界都震惊了。以前世界上出土过千年的尸体，比如那个著名的"楼兰美女"是因为某些巧合成为一具干尸保存下来。但是辛追夫人是至今为止世界上保存最完好的千年湿尸，甚至连她墓室中的随葬品都像昨天刚刚放进去一样，到底是什么原因让她能跨过千年的岁月呢？

古人有"玉能寒尸"的说法，认为把玉放进尸体里，

就可以让尸体不腐烂，但是穿着"金缕玉衣"的刘胜夫妇经历千年也化成了泥土，所以"玉能寒尸"的说法只是一个虚无的传说。

在打开女尸的棺椁时，所有在场的考古人员都不得不捂住鼻子，里面有无色液体，有出奇的臭味儿，所以一开始人们以为这种液体是古代所使用的防腐药水之类，但研究发现并不是这样。其实，这是土壤中的水分渗入墓中，然后在几千年的时间里凝结聚集而成的，它只有十分微弱的抑菌作用，却不是尸体得以保全的最主要原因。

那到底是什么原因呢？专家比对了墓室的埋葬方式才解开了这个谜。马王堆的三座墓室都是那种北侧墓道的长方形竖穴，在墓底及棺椁室四周，都塞满木炭和白膏泥，然后层层填土夯实，在上面筑起高大坟丘。

其中，辛追夫人的墓所填木炭非常厚实，有将近 5000 千克。众所周知，木炭有很好的杀菌和吸潮作用；而且分布在木炭层外的白膏泥厚约 1～1.3 米，黏性非常强，渗透性极差，这层又厚又均匀的白膏泥，封固严密，使深埋地底的椁室形成湿润、恒温、缺氧无菌的环境，所以棺椁、尸体及随葬器物得以完好保存。

你一定会问，为什么同样的结构，而另外两个墓室中的尸体却没有保存千年呢？那当然就更好解释啦，因为白膏泥堆积较薄，分布不匀，密封程度不好，所以墓内保存较差。

什么是白膏泥呢？

白膏泥从名字上看就是一种泥土，但是这种泥土跟我们见过的普通泥土不一样，它非常细腻，有很大的黏性，比较湿润并且不太容易渗水。

不要以为白膏泥就是白色哦，它只有在干燥的时候才会是白色或者青白色，地下埋着的白膏泥一般会是湿润的，颜色是青色，所以它还有另一个名字，叫"青膏泥"。

小朋友见过的很多瓷器就是白膏泥烧制的哦！

秦陵埋藏的兵马俑

小朋友，你知道秦始皇吗？他统一了六国，成为历史上第一个皇帝，并且他给我们留下了一个又一个的谜团，至今考古工作者仍无法确定秦始皇葬在什么地方。在秦始皇秦陵中的陪葬坑——地下宫城军备库打开的时候，世人为之惊叹！赶紧和我们一起去秦陵探秘吧！

一座地下宫城军备库

　　秦始皇是历史上非常重要的一个人物，人们对关于他的历史发掘一直很关注。

　　秦始皇是在一次巡游中因病去世的，人们把他快速运回都城咸阳后，秦二世已经在咸阳继位，因此文献中关于安葬他的记录并没有多少。但在一次考古时，人们却有了意外的发现。

　　1998年年底，考古工作者经过科学勘探，发现有一处规模宏大、内涵十分丰富的大型陪葬坑，这个坑是迄今为止秦始皇陵园发现的面积最大的陪葬坑。里面有上千件石质铠甲、头盔，还有马缰索、青铜车马器构件、青铜锛、箭头及其他一些军用装备，专家称这个陪葬坑是秦兵马俑地下宫城的军备库。

地宫中惊现秦代"头盔"

之前，人们发现了秦始皇兵马俑中的人俑大部分只用头巾扎头，所以专家一直以为秦代是没有头盔的，结果这一次地下宫城的发现终于将秦国当年的威风再现于世人面前。

在地宫内，人们发现了一些散堆在地上的石片。当一些工作人员把它们拿给中国甲胄专家白荣金爷爷看时，他很激动地确认，这应该就是秦代士兵的头盔。

随后，人们对地宫进行了仔细清理，从坑中共清理出土石质铠甲80多件，头盔30多顶。这些铠甲和头盔，并不是铁制或铜制的，而是用质地均匀的青灰色

石灰岩石片和扁铜条连缀成的。每一片连接的石片表面都经过了精细的加工，边缘切得很整齐，打磨得相当光滑，而且造型也很精致。

每个头盔总重约3千克，由圆顶片和四周连缀向下的侧片组成的，每个头盔的侧片都有70多个，垂下头盔能够披到肩膀上，对战士的脖子和肩膀有很好的保护作用。除了坚实之外，甚至有的顶片中心还钻有装饰缨珞的小孔，在古代可是没有打磨机、钻孔器的，这些都是用手一点点加工的，小朋友可以想象制作这样一个头盔是多么艰辛的事啊！

41

无比威风的石制铠甲

地宫中出土的铠甲更是经过了别出心裁的设计，不仅外观精美，还很实用呢！

这些铠甲并不像我们从电视中看到的甲衣一样穿在身上，而是由前后两片组成，前片可以护住胸，后片用来护背。其余的部位配有护肩、护肘，有的还有可以包着胳膊的甲片。

除了甲衣外，还有甲裙。但甲裙与甲衣不一样，它采用小甲片，而且甲片与甲片之间的缝也很大，这样在作战时跑动起来就会特别灵活，骑马打仗都不会受阻碍。可以看出，秦朝在设计战衣时把实用、美观恰到好处地融合在了一起。

注重外表的彩绘俑

除了一些军用服装、设施之外，在这里面竟然还发现了很多身穿鲜艳战衣的兵俑，与之前发现

的秦始皇陵中布阵的兵俑相比，它们简直华丽得不得了！

　　这些兵俑穿的战袍并不是千篇一律的灰色，他们的战袍大部分都是以粉绿色、朱红色、粉紫色为主，但在领口和袖口上会有粉红、粉紫、天蓝、白色等不同颜色的装饰。考古人员分析这应该就是文献资料中记载的秦朝军队的统一军服。

　　也就是说，秦朝士兵除了外衣，军服由军队统一发放外，里面穿的中衣、内衣都是自己准备的，所以在领口和袖口的地方就有了不同的颜色。

　　从这可以看出，在久远的秦朝就已经有了统一的意识，军队中的衣服统一，并且在衣服上还体现出审美设计呢！

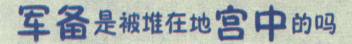

军备是被堆在地宫中的吗

这个军备库紧靠着秦始皇陵中的大兵阵，从整齐的秦始皇兵马俑来看，这些军用物资绝对不会是堆放在地上的，应该也是经过一番严格设计的。

秦始皇兵马俑中的兵马，有着严格的方阵，每个阵列中都有指挥官，这应该就是按照当时的布局安排的，那么这个军备库应该是为这些兵马所准备的后备保障。可见在当时的秦朝已经有一个完善的指挥、作战、后勤保障系统了。

专家最后也确认了这一点，这些盔甲在之前一定不是这样随意堆放的，一个纪律严明的军

队是不会乱七八糟摆放物资的。这些物资刚开始应该是成行成列排在专门的木架上，因为时间太长，发生自然变化，那些木架子经不住时间考验被腐蚀，最后才会让盔甲都摊在地上了。

猜猜看

秦始皇为什么要做兵马俑？

秦始皇陵是古代皇陵中规模最大的一个，陪葬的兵马俑更是被称为世界奇迹，那当时为什么要陪葬那么多的兵马俑呢？

这也是专家们想要解开的谜，在古代的时候有人殉之说，因为古人认为，人死了就是在阴间生活，那么奴隶要跟着一起被埋进墓葬，去阴间伺候他们的主人。统一六国的秦始皇需要的当然是军队，所以他才会想到让人做俑排成军队跟着自己到阴间。

墓中的古代乐器

　　小朋友，你喜欢中国的古典音乐吗？当你去湖北随州博物馆的时候，一定会对一个大型古乐器感兴趣，它的名字叫"曾侯乙编钟"，它可是迄今为止发现的规模最大的古代打击乐器，伴随着它那悠远动听的音乐，你会被带回到那个年代，在音乐声中，感受那个年代的记忆。下边就让我们踏着考古学家的脚步，去看一看编钟出土的地方——随县曾侯乙墓吧！

豪华的"三室一厅"陵墓

曾侯乙是战国时一个叫乙的王侯，他在公元前433年去世，他的墓室建在了地下水位以下，结果葬下去不久，地下水就渗了进去，他的墓就成了一座水中墓室。这个无意的失误却让大部分陪葬品在无氧的情况下能够完好保存，而且也把对墓室中的珍宝虎视眈眈的盗墓贼阻挡在了外面。

曾侯乙墓呈一个"卜"字形，墓中巨大的棺椁上盖有巨型石板，人们打开石板后，一个"水晶宫"华丽地出现在人们眼前。

它由四个墓室组成，建筑结构就像一个豪华的"三室一厅"。东室放置着一具主棺，大约有7000千克重，棺是双层的，外棺有青铜框架，内棺外面有彩绘的门窗及神兽武士。东室另外有八具陪葬的棺木，西室中放着陪葬棺十三具。北室中没有棺木，主要放着兵器、车马器及竹简，中厅则放置着大量的礼乐器，整个犹如一座规模宏大的地下宫殿。

震惊世人的曾侯乙编钟

经过人们发掘整理，一共出土文物一万多件，分为青铜礼器、乐器、兵器、车马器、金器、玉器、漆木器、竹器八大类，很多都具有非常高的历史价值。

有一件金器，是一个带盖的金盏，它采用青铜范铸工艺，盖顶有环形纽，边缘有与盏扣合的卡，盏底有"S"形凤足，盖顶和盏口外沿饰有华丽的蟠纹和云雷纹，其精湛的工艺令人叹为观止。

还有一件漆木箱子的盖子上竟然画着二十八星宿的天文图，看来当时的中国就已经对二十八星宿有所观测，我国是世界上最早创立二十八星宿体系的国家呀！

最重要的是，这个墓中出土了大量的乐器，有编钟、编磬、鼓、瑟、笙、排箫等，其中最引人注目的是一套保存完好的大型青铜编钟。整套编钟共65枚，分为上下三层，总重量约有2500多千克。每排上的编钟都按一定的音阶排列着，无论是从左到右还是从上到下看，都是逐渐增大的。当考古工作者看到它的时候都兴奋不已，仿佛看到了那气势宏大的演奏！

十二音律是中国自古就有的

我们现在唱歌的时候，是从"哆"唱到"西"七个音阶，这是世界标准通用的，中国使用并没有多少年。战国古乐器上大部分都是五声的音阶，也就是宫、商、角、徵、羽。所以很多学者认为，中国在战国的时候只有五声音阶，后来使用的十二音律是从希腊传过来的。

但是曾侯乙编钟的出土向人们证明了我国从古代就有十二音律。曾侯乙编钟中上层的甬钟和钮钟清脆悠扬，下层甬钟则雄浑低沉。每个钮钟和甬钟都能发出两个乐音，呈和谐的大小三度关系，这在世界音乐史上都是极为罕见的。

全部编钟的音域跨越五个八度以上，比现代的钢琴只少一个八度。它的音阶结构与现代国际通用的C大调七声音阶基本相同，而且其中心音域12个半音齐备。所以这套编钟不仅可以看着古谱演奏古乐，更可以按现代乐谱奏出流行音乐！

曾侯乙墓的惊世国宝

　　曾侯乙墓中除了惊世的编钟之外，还有很多件国宝级的随葬品，从这些东西可以看出当时只是一个王侯的曾侯乙过着多么奢华的生活！

　　与编钟同为乐器的还有一件编磬，它用的是铜错金磬架，磬架上是线条流畅的错金云纹。中间两根圆杆做横梁，两边各有一只圆雕怪兽支撑着两根立柱。整个编磬分为两层，每层的杆上用串钩挂着铸铜环，演奏时应该是一个人拿着磬槌敲击。

同时，还出土了一件青铜樽盘，樽是酒器，是祭祀的必备品。这件大樽缶是目前所知我国先秦酒器中最大、最重的一件，堪称"酒器之王"。它不但拥有足以傲视同类的巨大体型，而且在纹饰上也极尽精美，表面覆盖有细密复杂的纹饰。

除此之外，还有象征吉祥的鹿角立鹤工艺品、使酒冬暖夏冰的青铜冰鉴、精致的龙凤玉挂饰及联襟铜壶。

什么是二十八星宿？

　　二十八星宿其实就是中国古代天文学家把当时能见到的星星分成的二十八组，每一组都有一个星宿名，东西南北各有七个星宿。

　　传说天界派青龙、朱雀、白虎、玄武守护人间，它们死后，人们便用四兽的血来祭祀天神，没想到天象发生了变化，四兽的灵气再现在四方，分别托在二十八个人的身上，这些人就是传说中的星宿官啦！

　　传说只是传说，不过二十八星宿在天象观察中占有很高的地位。

先进的河姆渡文明

　　人们一直以来都在探索人类的起源，生活在距今7000多年前的长江下游的河姆渡人从被发现就一直是一个谜，他们过着怎样的生活？他们之后又去了哪里？人们一直在思索这些问题，并希望能找出答案。前几年，一个打井队给大家带来了好消息，一个沉睡在地下几千年的田螺山遗址让我们和古人对上了话，也帮助我们揭开了河姆渡人神秘的面纱！

神秘的河姆渡人文化

距今六七千年的河姆渡一带是一片沼泽地，人们不能从平地起房屋，于是河姆渡人建造住宅时，先打下高1米左右的木桩，木桩上架设纵横交错的横梁，然后再在横梁上铺上10多厘米厚的地板，地板上再立柱、架梁、敷橼、盖顶。这样的房屋构造很麻烦，专家把它叫做"干栏式建筑"，河姆渡人也因为这个建筑而一举成名。

干栏式建筑的地板能防湿、防虫蛇，而且河姆渡人还可以用下边的空间来养家畜。虽然从他们的房屋还原图来看，人并不能在地板上的居室内直立行走，但是，这个建筑比起依据环境而建造的巢居有了很大进步。

从建筑上来看，河姆渡人已较熟练地掌握伐木、加工桩、柱、梁、板等建筑构件技术，梁柱间已开始用榫卯接合，地板用企口板密拼，与现代的木工活已经很相似。而且在一些构件上还刻着双圆、直线、斜线、植物茎叶等装饰图案，可见河姆渡人已经有很高的智慧和审美能力了。

人们在遗址中还出土了几支木质船桨，它与现代游船划桨大体接近，是目前中国已发现的船桨中最古老的几支。看来当时河姆渡人已经开始用船、筏等进入到水中去采集所需要的东西了。除了这些外，还出土了几百件木器，有刀、匕、锤等，与其他的新石器时代使用的工具有很大差别。

他们在食物方面已经有了人工栽培的水稻，从遗址残存物中还可以发现，有葫芦、橡子、菱角、枣子等植物，羊、鹿、猴

子、虎、熊等野生动物，猪、狗、水牛等家养的牲畜也是他们的主要食物。对于七千年前的古人类来说，这一切都似乎太先进了。与其说遗址是对历史的发现，更不如说是带给了我们更多解不开的谜。

打井打出来的田螺山

很多中外古文化研究者一直在研究河姆渡，但总也无法知道这些近万年前的秘密。2000 年初，一个个体企业为了建厂房开始挖水井，挖到两三米的地层时，发现了一些陶片、石器和木头。之后经过浙江省文物考古研究所和河姆渡遗址博物馆专家的考古发现，这里埋藏着与河姆渡极为相似的历史。

这个地方在浙江省余姚市最东部的三七市镇最东边的公路北侧，当地的老百姓叫它"田螺山"。田螺山是四周生长有毛竹、杨梅等植物的绿色山丘，但它根本就不像一座山，最高的地方的海拔也就5米左右，顶多算一个小土堆，就是在这个小土堆周围地下约3米处埋藏着一个六七千年前的完整古村落，总面积近30000平方米呢。

在第一阶段的发掘中，考古工作者就已经确认，田螺山遗址是迄今为止发现的河姆渡文化中，地面环境条件最好、地下遗存比较完整的一处依山傍水式的古村落遗址。它与一样坐落在浙江省余姚市的河姆渡遗址遥相呼应，并且各方面与河姆渡文化都极其相似。

田螺山与河姆渡是邻居吗

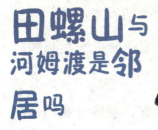

这里有与河姆渡文化相同的"干栏式建筑"，而且形式和技术更复杂，应该比河姆渡的建筑更进步。并且这里也有如橡子、稻米、葫芦、蕨草等植物，同时也有狗、牛、鲸鱼、梅花鹿、金枪鱼等各种陆地和海洋动物遗骸。但这里更有河姆渡文化所没有的，甚至是国内新石器文化的全新发现。

人们在这里发现了形状和大象头相似的陶塑残块，有高度超过90厘米的双耳夹炭陶罐，有镂刻着人脸的纹陶釜支脚，有器表装饰着多种纹样的红衣陶盘釜，有针孔不过毫米的骨针……一件件东西的发现都让人觉得振奋！

之前人们在挖掘河姆渡时，挖掘到约7000年以下的地层时再往下就是淤泥了，所以它留下了许多谜，之前没有任何人生活，难道河姆渡是从天而降？为什么这个地方突然出现了这样一个高度文明的村落？不过田螺山遗址的发现，向人们证实了长江流域不是只有一个河姆渡，这个田螺山应该就是河姆渡的近邻，就像现在相邻的村落一样。

在田螺山距今7000年以下的地层中，已经发现了一些木炭的微粒及人工使用的小陶块之类的物品，也就是说解开之前一直困扰人们的河姆渡文化之谜已经为期不远啦！

猜猜看

河姆渡人为什么不把房子盖高点儿？

小朋友们从书中看到了，著名的河姆渡干栏式建筑很像南方的吊脚楼呢！那为什么他们不把自己的屋子盖高点，能直立地在里面行走呢？

在河姆渡人没有干栏式建筑之前，他们都是住在山洞或者树上的，就像现在很多动物一样，屋子就是给他们提供休息的地方，所以用不着在里面走来走去。当然他们学会了盖房子后，习惯没有改变，所以他们也就不会想把房子盖高啦！

撒哈拉沙漠来过 "宇航员"

小朋友，你知道世界第一大沙漠在哪儿吗？呵呵，让我告诉你吧，它的名字叫撒哈拉！撒哈拉沙漠中还有一个更让人惊叹的秘密。1933年，法国的骆驼兵队来到撒哈拉中部，在高原上发现了几千米长的壁画群，是谁跑到沙漠中画壁画？这壁画中描绘的景象又是什么？下边就让我们开始撒哈拉之旅吧！

撒哈拉一直以来都是荒漠吗

撒哈拉这个词在阿拉伯语中是"大荒漠"的意思，它从大西洋一直绵延到红海，东西有三千里，贯穿了整个北非。撒哈拉的四分之一都是沙海，其余的部分也是荒凉的山岭和满地是圆石头的干涸平原。

这里已形成了千万年，一直以来都是荒无人烟。人们提到撒哈拉就会想到大地龟裂、河流干涸，人兽困在飞沙走石之中干渴而死的惨状。不过撒哈拉壁画的发现，让人们改变了这种想法。

伴随着人们的发现，撒哈拉成了世界上岩画最多的地方。这些壁画告诉人们，在史前时代这里就已经有人类居住，而且开创了高度繁荣的远古文明，沙漠中新石器时代的残片也是证据之一。

人们从岩画上看到了河马、大象、长颈鹿、犀牛、狮子、水牛、野牛、羚羊、鸵鸟、豪猪等众多的野生动物嬉戏的景象。专家研

究发现，大约在8000年前，撒哈拉水源丰富，湖光涟漪，林木繁盛，是一片青葱肥沃的大草原，这样才给大量动物提供了良好的生存环境，人们在这里生活，才会画下许多动物的形象。

岩画上有"怪人"

撒哈拉的岩画大部分都是写实的，各种动物都被画得活灵活现，内容也很丰富。这里虽然经历了几千年的风吹日晒，但很多壁画的颜色到现在还依然保持光鲜。

这些岩画中，除了动物之外，还有一个重要的形象，他们有的手持长矛、圆盾，乘坐着战车似乎在迅猛飞驰；有的身缠腰布、头戴小帽；有的没有带武器，而像是在敲击乐器。从画面上看，舞蹈、狩猎、祭祀和宗教信仰是当时

人们生活的内容。

但是这里也有一些不能让人理解的内容，有些人的打扮完全像现代人。身穿精致的短上衣，有的还戴着太空头盔，头盔上还有两个可供观察的小孔，头盔用一种按钮与躯干部分服装连接，让人不禁想到宇航服。

而且这些笨头笨脑、装束奇异的人像画不仅仅只是一幅，在许多幅画中都可以看到他们的形象。人们越来越不理解，难道这个像"宇航员"的人是当时人们崇拜的神灵，还是他真的就是身穿连体太空服、头盔上有天线的宇航员？

岩画上的宇航员之谜

这些"宇航员"岩画的发现，让人们对撒哈拉更感兴趣，不过，一个日本陶古的研究却透露了壁画的天机。

日本陶古是在日本发现的一种陶制小人雕像。历史学家认为那是日本古代妇女的雕像，可是经过美国宇航局科研人员鉴定，认为这些陶古是一些穿着宇航服的宇航员。这些宇航服不但有呼吸过滤器，而且有由于充气而膨胀起来类似于现在宇航员的裤子。

同时，日本也有一个关于"天子降临"的传说。传说中的天子就是从地球以外的太空飞来的客人，这个陶古就是那位从天而降的天子。如果日本陶古真的是宇航员，那么，撒哈拉壁画中那些穿着"太空服"的"宇航员"，不也是天外来客吗？

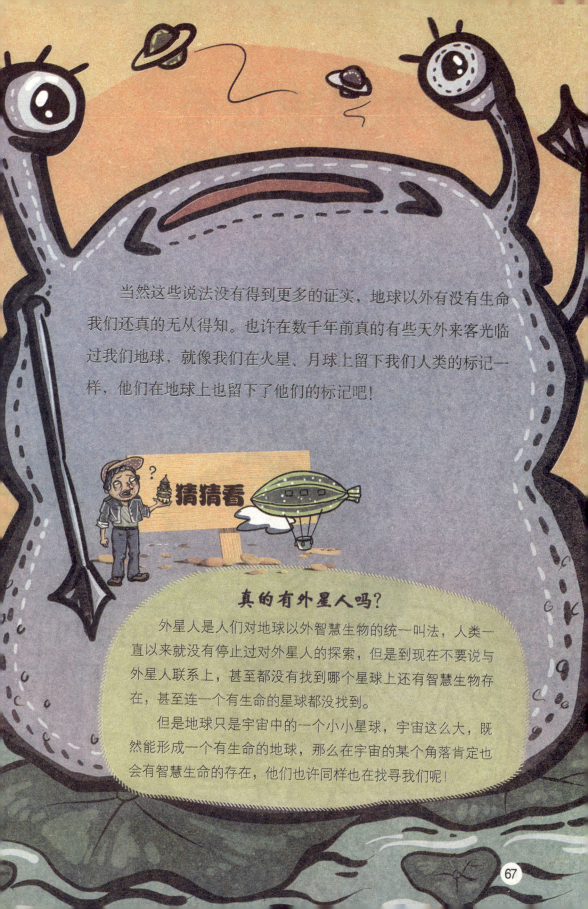

当然这些说法没有得到更多的证实，地球以外有没有生命我们还真的无从得知。也许在数千年前真的有些天外来客光临过我们地球，就像我们在火星、月球上留下我们人类的标记一样，他们在地球上也留下了他们的标记吧！

猜猜看

真的有外星人吗？

外星人是人们对地球以外智慧生物的统一叫法，人类一直以来就没有停止过对外星人的探索，但是到现在不要说与外星人联系上，甚至都没有找到哪个星球上还有智慧生物存在，甚至连一个有生命的星球都没找到。

但是地球只是宇宙中的一个小小星球，宇宙这么大，既然能形成一个有生命的地球，那么在宇宙的某个角落肯定也会有智慧生命的存在，他们也许同样也在找寻我们呢！

木乃伊也有 "心脏起搏器"

　　古埃及什么最有名呀？呵呵，当然是金字塔了，人们一提到古埃及就会想到金字塔，而且马上又会想到木乃伊。木乃伊本来就有很多神秘的地方了，可是最近又发现了一个心脏会跳的木乃伊，难道他还活着吗？人们在他的身上发现了一个使心脏跳动的装置，难道真的是心脏起搏器吗？

什么是木乃伊呢

　　木乃伊其实就是被处理后的尸体，也就是人工干尸。埃及有一个传说，人死后，只有肉体死亡，他的灵魂还会在，如果把人做成木乃伊，灵魂就会附在上面，到了时机成熟的时候他就会复活！

　　这个传说流传下来，使世界许多地区都学会了制作木乃伊。人死后，大家把他的内脏拿出来，装上各种防腐香料，在皮肤上涂满香油或者带药的防腐液，从头到脚用细麻布做绷带把他包裹起来，外面再涂上通常在埃及代替普通胶水使用的树胶，然后把尸体送给亲属，亲属将他放到特制的人形木盒里，在墓室中，靠墙放着。年久风干，也就形成了木乃伊。虽然很多国家用不同的方法制作，但是古代埃及人用防腐的香料殓藏尸体，来表达企盼和缅怀的方法最为著名。

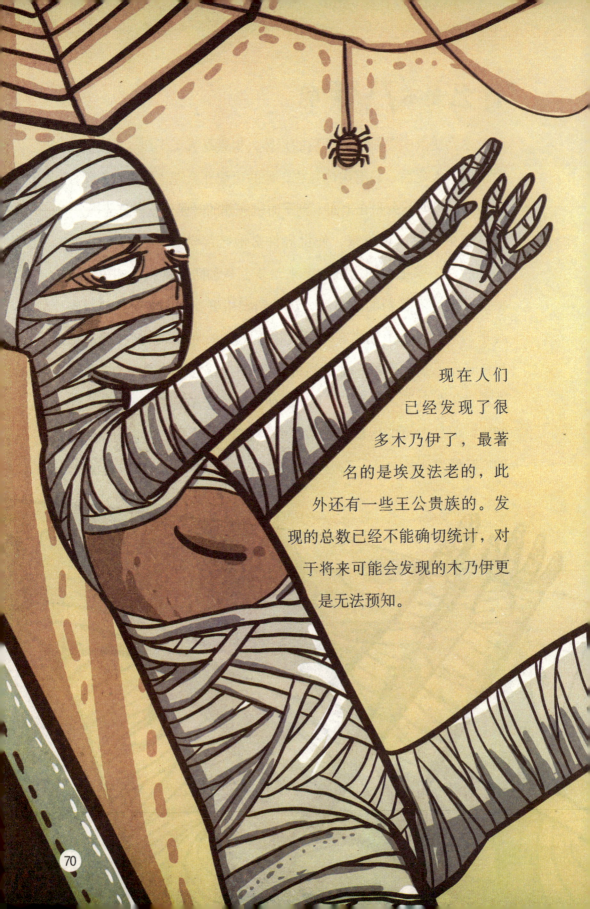

现在人们已经发现了很多木乃伊了，最著名的是埃及法老的，此外还有一些王公贵族的。发现的总数已经不能确切统计，对于将来可能会发现的木乃伊更是无法预知。

木乃伊的心脏在"怦怦"跳

木乃伊本身就带有很神秘的色彩，而不同地区制作出的木乃伊又不相同，所以当一具木乃伊出土的时候，都会给考古学者带来不同的收获，很多的考古学者都期待能解开他们身上的未解之谜。

后来，在卢索伊城郊外出土了一具木乃伊，当人们把它抬出墓穴做初步处理时，发现从这具木乃伊体内发出了一种奇特、有节律的声音。人们虽然能听到，但是声音很微弱。这具木乃伊在地下究竟多少年了？为什么身上还会有微弱的声音呢？

人们循着声音找去，发现声音来自心脏位置，考古学者仔细上前倾听，发现和心脏跳动的声音一样，难道这个木乃伊还有心脏？他的心脏竟然还在跳动？这让在场的人都惊呆了！根据习俗，在木乃伊出土时要有祭祀的人在旁边，这些祭祀的人赶快向天祈祷着。

考古学者又疑惑又兴奋，心脏跳动是不可能的，那应该是有什么东西在木乃伊的心脏位置放着。人们当时没有工具，所以不可能也不敢马上拆开白麻布去看看里面到底有什么，于是马上把他送到一个私人诊所，但诊所的人十分害怕，不敢动手，所以最后只好送到了开罗医院。

为什么木乃伊的心脏会跳

按照习俗，木乃伊体内应该已经没有了内脏，所以人们猜想，应该是填进去了某个东西才会发出这样的声音。运到开罗医院后，开罗医院马上组织了一些专家对他进行检查，确定从外面无法判断后，决定进行解剖。

当医生拆开了麻布，解剖了尸体后，竟然在尸体心脏的附近发现了一个"心脏起搏器"。人们听到的"怦怦"跳动的声音，就是由它发出的。这个声音不仅非常有力而且有节奏，医生计算了一下，发现它每分钟大约跳动80下。

大家看着这个2500年前的尸体，像一具肉干一样，但这个"起搏器"还在"怦怦"地跳着。这是怎么回事？人们为什么把它放在尸体中？什么样的动力让它跳了2500年呢？

大家越来越不解，就马上利用先进仪器进行测试，最后发现这个"起搏器"是用一块黑色水晶制造的。专家断定，黑色的水晶中含有放射性物质，所以在一个封闭的空间内，凭着自身放射的能量做动力，就可以一直不停地发出跳动的声音。

心·脏起搏器之谜

专家虽然解释了这个"心脏起搏器"跳动的原理，但是，随着人们不断地参观，它越来越有名了，更引起了大家一连串的质疑。

这个神秘的心脏起搏器是谁放在木乃伊体内的？它的作用应该是来帮助心脏工作的，那么一定是在此人还活着的时候就已经安放了。可是根据现代医学来判断，心脏起搏器安放成功还没有多少年，2500年前的人怎么可以剖开活人的胸腔放起搏器呢？

有人说也许是死后放进去的，想让死者心跳不停止。那么我们就要说说黑水晶的问题了。现在世界上人们见到的水晶只有白色的和少数浅红色和紫色的，不要说存在，在它之前人们几乎都没有见过黑水晶，这黑色水晶是从哪里来的呢？

好多好多的谜团围绕着这具木乃伊，这也许就是它的神秘之处吧！对于这些问题专家学者现在也不能解决，小朋友们也思考一下吧，因为不管什么样的难解之谜，总会有解开的一天哦！

心脏起搏器是做什么用的？

一些患有心脏病的人的心脏发生病变或者衰竭，医生就会给他安装心脏起搏器，从名字上来看，它就是帮助心脏运动的一个小机器啊！

我们的心脏每时每刻都在跳动，如果它不想跳了，或者跳慢了，心脏起搏器定时会放出一定频率的脉冲电流，它像人体的一个"司令部"一样，再次刺激心脏，让心脏兴奋起来，再次跳动，这样保证了血液的循环，使人能够健康正常地生存下去！

冰河时期的远古人类

　　人类到底是在什么时候诞生的呢？这一直是人们不断探讨的问题。最近，考古工作者在澳大利亚内陆的满谷国家公园惊喜地发现了大批冰河时期的人类足迹，那是距今1.9万年到2.3万年前的脚印，共约457个，难道在冰河时代就有人类生活了吗？那是什么样的人留下的脚印呢？带上这些问题，让我们一起读下去吧！

冰河时期是什么时候

　　我们现在的地球上，不同的地区会有不同的气候，小朋友们也经历着四季的变化，夏天乘着小船看荷花，冬天在小河中可以滑冰。但是地球在形成时并不是现在这样，它可是经历过很多时期变化的。

　　其中有一段时期，地球的表面被大规模的冰川覆盖着，就像现在的南北极一样，整个地球就像一个冰球一样，这个时期就是人们所说的"冰河时期"。这个冰河时期不是只有一次，而是交替出现的，两个冰河时期中间就是一个温暖时期，地球在 40 多亿年的历史中，曾出现过多次显著降温变冷的情况，离现在最近的一次冰河时期被人们称为"第四冰河时期"。

冰河时期的**脚印**

在新南威尔士州满谷国家公园的威兰德拉湖附近，一个叫玛丽·帕宾的人在潮湿的黏土区，发现了一个脚印，引起了考古界的关注。于是，考古工作者实施进一步挖掘，又发现了450多个同一时期的脚印。根据研究发现，那是第四冰河时期高峰时留下的。

这些足迹很复杂，不论是小孩、青少年，还是成年人都有，长度在13厘米到30厘米之间。从脚印的形状和深度人们得知，当时这些人有的在跑，有的在走。还有些足迹看起来是在打猎，其中就有一位身高近2米的男人的足迹，他当时的奔跑速度应该是每小时20千米左右。这是地球上所发现的最大的一批，也是至今为止澳大利亚最古老的远古人类脚印。

考古工作者发现，这些留下脚印的人当时一定居住在潮湿的内陆地区，因为人们清楚地看到这些脚趾缝中挤出了泥巴。人们开始测量、清理这些遗迹，在距离脚印约6千米的地方挖出了两具约17000年前的人类遗骸。

冰河时期人类的生活

这些脚印的发现，把人类出现的历史推到了2万年前哦！而且通过观察这些脚印，让人们对远古人类有了更多的了解。

这个地区应该是物产比较丰富的地方，有很多的湖泊，里面生活着鱼、贝和小龙虾等。生活在这里的远古人类应该是运动型的，他们身体健壮，依靠打猎、捕鱼为生。他们生活得很和睦，爸爸妈妈散步时，小孩子会绕着他们一圈圈地跑。

这些脚印的发现，为人们探索人类的历史提供了线索，让人们离揭开远古人类之谜更近了一步。小朋友，未来也许还会发现更多的秘密，但终有一天这些谜团会被一一解开。

猜猜看

冰河时期是怎么被发现的？

冰河时期和所有地球上存在的其他时期一样，是经过推理而确定的。首先，人们从古生物化石物遗迹来判断，它们各自生活的年代中有着不同的气候条件，有些是在极寒冷的南北极才会出现。

其次，地球上很多地方还有冰川的痕迹，比如漂砾、冰斗、U形谷、冰臼等，这些可以证明这个地区曾经被冰川覆盖过。

这些现象都是交替出现的，所以人们可以确定地球有过冰河时期，并且不止一次。

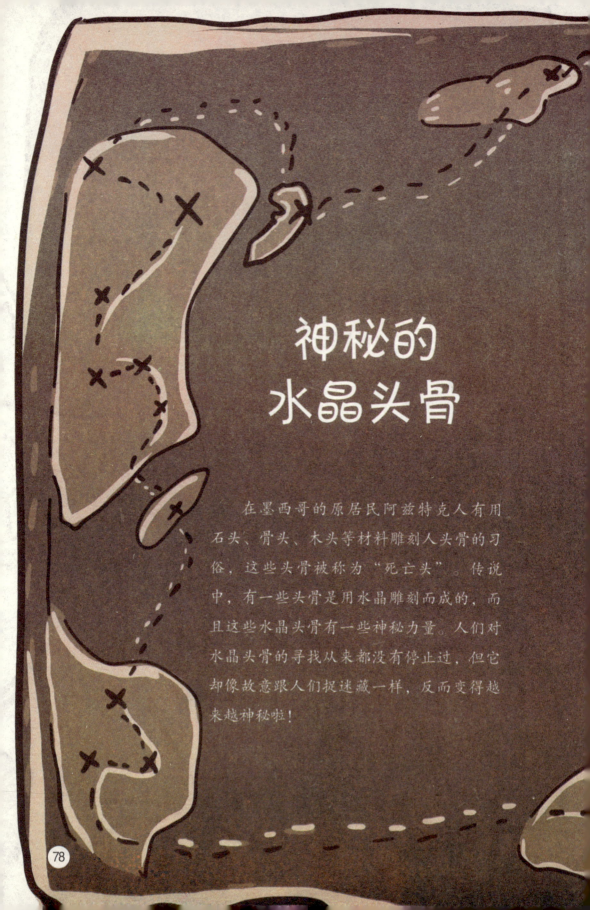

神秘的
水晶头骨

在墨西哥的原居民阿兹特克人有用石头、骨头、木头等材料雕刻人头骨的习俗，这些头骨被称为"死亡头"。传说中，有一些头骨是用水晶雕刻而成的，而且这些水晶头骨有一些神秘力量。人们对水晶头骨的寻找从来都没有停止过，但它却像故意跟人们捉迷藏一样，反而变得越来越神秘啦！

传说中的水晶头骨

传说中的水晶头骨一共约52个，其中玛雅人约13个，其他的散布在世界各地的神圣之地，其中包括美洲其他土著部落，也包括西藏和澳洲土著等部落。

有人说，这些头骨中，有约12个下颌可以活动，它们会告诉人类一些事情，人们称它们为"会唱歌的头骨"，它们是外星人从天狼星座上给地球人带来的礼物。为了传播更多的信息，外星人又做了几十个下颌不能活动的头骨，人们管它们叫"会说话的头骨"。

水晶头骨的传说一直流传着，在危地马拉的一个村庄，村里的土著人把水晶头骨拿给神父看，神父说是魔鬼制作的，于是就把那水晶头骨打得粉碎。所以人们也确信现在水晶头骨已经不够52个了。

第一次找到的水晶头骨

1924 年，米歇尔带着他的养女安娜组织了一支探险队去中美洲，这支探险队在当地玛雅人的帮助下，发现了一处古代玛雅人的城市遗址。

17岁的安娜听过很多关于玛雅人的故事，所以看到眼前的一切后兴奋不已，她小心翼翼地爬上了城堡最高点的金字塔顶端，想要去看一看热带丛林的绚丽风光。正在她陶醉

于风景的时候，突然发现金字塔的裂缝深处有一个东西闪闪发亮。

她喊着告诉米歇尔，米歇尔立刻带着探险队的全体成员登上了金字塔顶，对着裂缝开挖，最后挖开了一个窟窿，但只能容下安娜进出。安娜自己爬到窟窿底部，她发现那个发光的东西是一块通体透明的水晶头骨，但是只有上半部分。

于是，米歇尔命令队员们继续挖掘。大概过了3个月，他们终于在7米外的地方找到了一块水晶头骨的下半部分。两块头骨正好可以拼合在一起，与真人头骨一般大小。但是它与真人的头骨完全不同的是，它的通体都是透明的，看起来是用透明的石英石打磨而成，而且做工特别精细。

这颗头颅的五官比例与现代人一模一样，牙床上整齐地镶着上下两排牙齿，眼睛由圆形水晶石点缀，鼻骨则由三块水晶石拼成。而且根据检验，它至少有3600年的历史。安娜对它爱不释手，但是米歇尔却坚持自己的惯例——在人家土地上发现的东西，要归还给它的主人。他把水晶头骨献给了当地首领，当地的首领对此表示十分感谢，给了船队药品和食物补给，人们将这个把传说变成现实的第一块头骨称为"米歇尔·黑吉斯头骨"。

水晶头骨中藏着哪些秘密

现代科学家把水晶头骨和人类的头骨做了比较后发现，除了眼部稍有偏差外，其余的参数和现化人类的头骨几乎一模一样。如果想要雕成这样的头骨就要十分了解

人体骨骼的构造及光学原理才可以，1000多年前的玛雅人难道已经掌握这些技术了吗？

玛雅文明一直以来就是一个谜，他们并不像千年之前的人类。他们在数学、天文学、历法等方面都有超人的智慧，他们所掌握的技能几乎能与现代的科技相媲美，甚至有的比现代的科技还要进步，所以他们做出这样的水晶头骨应该不成问题。

但是我们并没有什么证据来证明他们真的制作过水晶头骨，并且还有一些资料说，那是后来的阿兹特克人和墨西哥中部及高原上的印第安人制作后

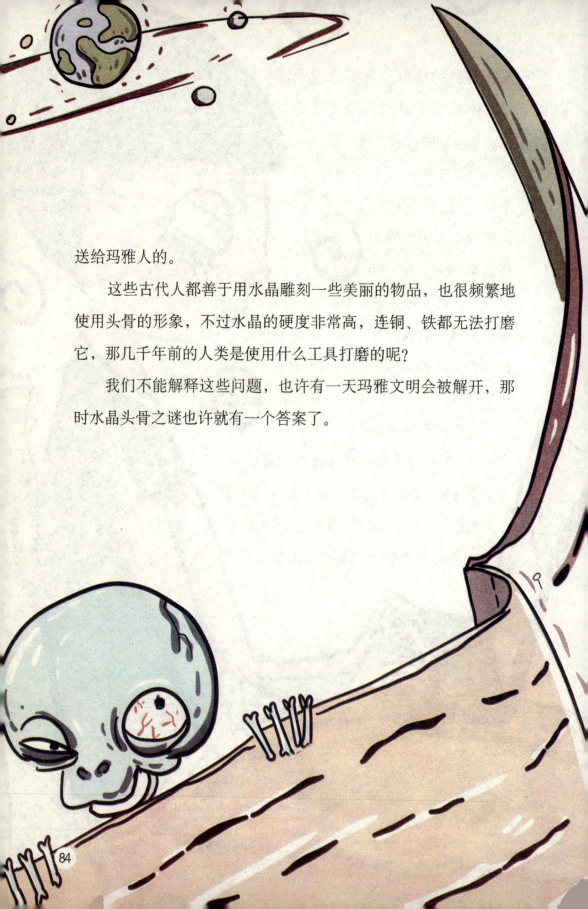

送给玛雅人的。

这些古代人都善于用水晶雕刻一些美丽的物品，也很频繁地使用头骨的形象，不过水晶的硬度非常高，连铜、铁都无法打磨它，那几千年前的人类是使用什么工具打磨的呢？

我们不能解释这些问题，也许有一天玛雅文明会被解开，那时水晶头骨之谜也许就有一个答案了。

猜猜看

水晶头骨是假的吗？

　　看过一些相关资料，上面说水晶头骨是人们利用现代工艺伪造的。难道已经发现的水晶头骨是假的？根本没有什么52个水晶头骨吗？

　　的确有人说头骨被证明是用现代工艺伪造的，但是也有人说这头骨并不是玛雅人做的，而是地球以外的高等生物赠送给地球的，至于这个头骨是真是假，还是个谜！

守护复活节岛的
巨石雕像

      雕像我们见过不少了吧，城市中的各个角落都会出现这样那样的雕像，但是人们竟然在一个小岛上发现了1000座以上的巨石雕像。这些石像为什么会出现在一个离大陆有一段距离的小岛上？它们是怎样被人运过去的？这一切的一切都是谜。下面就让我们坐着时光机到小岛上看一看吧！

为什么小岛叫复活节岛

距离智利本土 3600 千米左右有一个小岛，岛的形状如一个三角形，面积只约有 117 平方千米。岛上有很多死火山，其中三个角上分别有三座很高的火山，就像一个个边哨一样，让岛的海岸变成了陡峭的悬崖。

这个处于三面保护之中的小岛的名字也很奇特，人们管它叫"复活节岛"。一般人们在给小岛命名的时候，有的是根据小岛的形状，有的是根据小岛的特产等，为什么这个小岛却有一个节日的名字呢？

那是 1722 年的事情了，当时，人们想要了解地球，于是很多国家都会有在海上探险的人。荷兰探险家雅可布·洛吉文领导一支船队正在南太平洋上航行探险，突然，他发现了一片陆地，记录中没有人来过，他以为那是大陆，于是赶快登上陆地。

结果很令人失望，那不是什么大陆，只是一个海岛，这天正好是复活节，于是他就将小岛命名为复活节岛了。不过根据考察发现，那里的原住居民是拉帕努伊人，所以人类学家叫它"拉帕努伊岛"。

复活节岛的巨大石像

　　复活节岛上并没有丰富的物产，也没有茂盛的草木，人们也不会在意小岛上的死火山，它被很多人知道的原因是因为岛上有上千座巨石雕像。

  这些巨大的石雕像大多在海边，石像一般有7～10米高，重约90吨。它们有的竖立在草丛中，有的竖在祭坛上，有的倒在地面上。所有的石像都有比较长的头，深深的眼窝，高高的鼻子，突出的下巴和两只很长的耳朵。他们的双臂垂在身躯两旁，双手放在肚皮上，很绅士地望着远方，这些石像是用淡黄色火山石雕刻成的。

  其中有的还戴着红色的帽子，帽子是用红色岩石雕成的。有的石像身上还刻着符号，有点像文身图案。除此之外，还发现了比这些巨大的石雕像还要大一倍的石雕像，但它们并不完整，看样子是半成品。

  一些专家推测他们可能是在公元400年建成的，当时岛上应该有原始部落，他们雕了这些石像。其中还有一部分被毁掉，那

应该是由于大约1680年在岛上发生了部落战争才导致的。他们也许是想要毁掉对方部落的石像，也许是要推倒自己部落的石像，以便建造更大、更好的石像。

巨大石雕像之谜

这个小岛的石雕像数量及单个的重量都让人震惊，石雕像从发现以来就有无数的谜团围绕着人们。据专家判断，最少每天

需要30个劳工，工作8小时，用大约1年时间才能雕琢出1个石像。那么，雕成这么多石像是多么难呀！有些石像的红帽子岩石与西面火山上的岩石相同，应该就是从那边取来的。但当时人们并没有起重机等重型设备，他们是怎样把石头运过来的，又怎样把它放到近10米高的石像上的呢？

有人认为，那些石像并没有人们想象的那么重，但即使没有那么重也会有几十吨吧？几吨的重量对于当时的人来说就是难题了，更别说几十吨了。至于石块的搬运，人们更是难以理解。新的疑问又产生了，小岛上现在只有荒漠一样的砂石，之前那些人是怎么在这样的环境中生存的？他们为什么要建这些石雕像？这些石雕像又象征了什么呢？

在荷兰船队没有发现小岛的500年前，波利西尼亚人来到这里，他们可能是为了躲避战乱，带着生活生产用品来到这里。那个时代的小岛应该是一片亚热带的森林，到处长满了各种各样的树、灌木和野草，绝大多数是一种现在岛上已经绝迹的棕榈树。

他们在这里开始了新的生活，形成了很多部落，每个部落都有自己的头领和祭司，于是为了恐吓敌人和显示自己部落的威风，开始在海岸雕琢石像，哪个部落建的石像大，就证明它实力强。那些弱小和贫穷的部落雕琢的石像就小得多。

　　之后越来越混杂，他们之间的战争四起，人们为了满足自己生活的需要，过度地利用岛上的物产，使水源干涸，土地沙化，让人无法再生活下去，之后就出现了人吃人的现象，使人口锐减。最后又因为外界人的到来，带来了鼠疫、斑疹、伤寒和天花，绝大多数岛上居民被夺去了生命，其他人为了逃生而离开了小岛，小岛就变成了今天的样子，只剩下那些石雕像守护着那里。

什么是部落？

像我们的国家，按地区分成了省、市、区、县、村等，可是在很久之前，并不是这样按地区来分的。

几个血缘相近的宗族、氏族就组成一个像现在的小村庄之类的集体，这就是部落。一个部落中的人有共同的活动，他们共同建筑房屋，共同抵御外敌，而且有共同的文化和语言。如果这个部落不断发展壮大，就有可能形成一个民族。

也就是说，现在的民族最初的时候也只是一个小部落。

海底发现的天文计算机

　　计算机现在已经进入了千家万户，而它诞生还不到一百年！可是有个潜水员在希腊安蒂基西拉岛的海底竟然发现了一台类似计算机的青铜装置，被人们称为"安蒂基西拉机器"。这台装置出现在几千年前，它会有什么用途呢？人们在研究之后又发现了什么惊人的秘密呢？

海底发现的古老仪器

世界上第一台数字计算机诞生于1946年，那个时候人们很兴奋，终于可以把处理数据的事情通过一台机器完成了。

其实早在1900年，潜水员在希腊安蒂基西拉岛附近搜索时，就发现海底一艘沉没的古代货船残骸里，有一台神秘复杂的古代希腊青铜机械装置。这台机器100多年以来，一直被叫做"安蒂基西拉机器"，至于它的用途，人们一直都没有搞清楚。

这个古老仪器上面的齿轮和仪表盘更增加了人们的好奇心。后来，英国和希腊一个联合研究小组给这个机器做

了个全身检查，通过三维 X 光科技发现，它的身上竟然刻着一段失传近 2000 年的希腊铭文，这段铭文介绍了这个机器的用途，大概意思是希腊人用它来预测各大行星的运动状态。

这个机器制造时间大约是公元前 200 年～公元前 150 年，它是由 30 多个手工青铜齿轮构成的，齿轮装在一个木盒里，木盒盖上面刻着与行星活动有关的文字。整个机器不但能预测日食和月食发生的准确时间，还能算出太阳和月亮的运行轨道，还可以进行加、

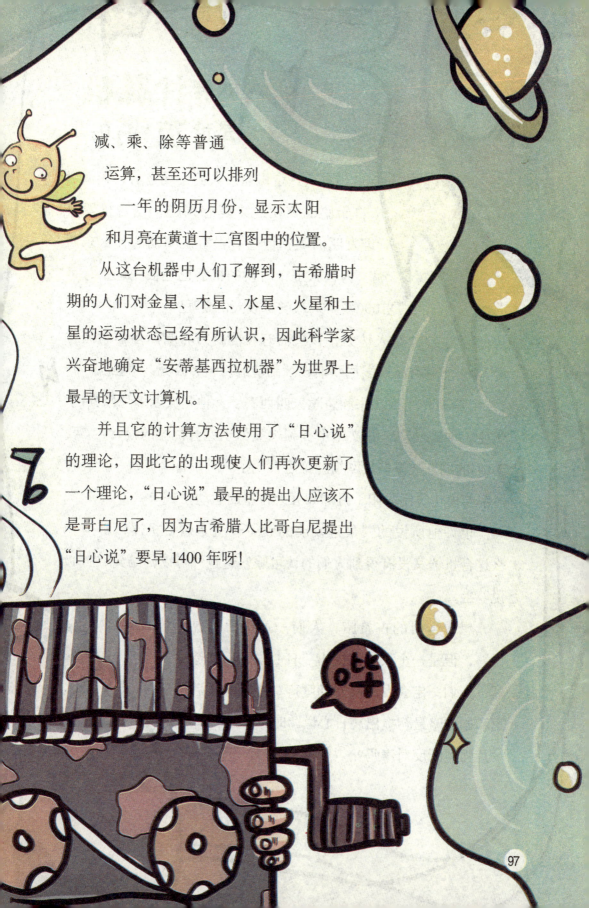

减、乘、除等普通运算，甚至还可以排列一年的阴历月份，显示太阳和月亮在黄道十二宫图中的位置。

从这台机器中人们了解到，古希腊时期的人们对金星、木星、水星、火星和土星的运动状态已经有所认识，因此科学家兴奋地确定"安蒂基西拉机器"为世界上最早的天文计算机。

并且它的计算方法使用了"日心说"的理论，因此它的出现使人们再次更新了一个理论，"日心说"最早的提出人应该不是哥白尼了，因为古希腊人比哥白尼提出"日心说"要早 1400 年呀！

这台计算机是谁发明的

自从这台机器被人们发现之后，人们对古希腊的文明越来越感兴趣，这台机器是谁发明的呢？他还有没有发明别的什么东西呢？为什么那个时候的机器已经很先进了，可是1000多年来却没有被人仿制呢？

有人认为，该机器有可能是古希腊斯多葛学派哲学家波塞多尼欧斯设计制造的。因为公元前1世纪，希腊有一个演讲家和哲学家叫西赛罗，他是波塞多尼欧斯的学生，他曾经在一些文章中提到过类似于这台机器的设计："我们的朋友波塞多尼欧斯，最近发明了一种设备，其每一个旋转都能模仿复制太阳、月球和五大行星的运动。"

也许他所说的"最近发明的设备"就是这台机器，那为什么这台机器又没有得到人们的认可呢？这也许可以归结到"日心说"上。

想想当时的古希腊，人们一直认为的观点是"地心说"，但是一个人突然提出"日心说"，并造了一台机器，人们一定会发出反对的呼声。在1400年后，哥白尼和伽利略最初提出"日心说"时，不是一样遭到一片强烈的反对声吗？

也许正是这个原因，这台机器才会被隐藏起来，至于它为什么会出现在海底，那只有让历史去解释了。

人们在不断地探索过去，也许哪一天还会有一个像"安蒂基西拉机器"一样的机器被人们发现，所以历史与未来都不会是一成不变的，它们总是会被人们不断更新。

猜猜看

什么是"日心说"

现在每个小朋友都知道，月亮绕着地球转，地球绕着太阳转。可是古代的人们生活在地球上，看着太阳跟月亮一样，每天都会东升西落，所以就认为太阳也是绕着地球转的，这就是古人们所认为的"地心说"。

但是，后来人们观察发现，地球并不是中心；后来又发现了太阳系中其他的星体，发现在太阳系中的星体都是绕太阳转的，这个理论就是"日心说"啦！

马耳他岛的地下石室

　　小朋友，复活节岛上的巨人石像一定让你感到很惊讶吧！但是你知道吗，在马耳他岛上人们无意间发现了一座神秘的地下室，这里有非常巧妙设计的回音室，人在里面说话会感到惊悚恐怖，还有一个小室里竟然有7000具骷髅，这到底是一个什么地方呢？这个地方为什么总会让人后背发凉呢？小朋友，我们一起去看一看吧！

意外发现的一个地下室

那是1902年的一天，马耳他岛上的一个繁荣小镇，一群建筑队正在给一家食品店建造水池。当时工人正在开凿一块巨大的岩石，突然脚下的岩石一空，一个巨大的洞出现了。

人们以为只是渗水形成普通的坑洞，所以并没有在意，而且正好可以在洞里堆些碎石料、废沙泥和垃圾之类的东西。但是有一个工人总觉得这个洞不像是常见的坑洞，而是一个人工凿成的石室。

于是赶快找到当地的考古工作人员，他们清理了工作的堆积物后，一座如迷宫一样的地下宫殿出现在他们面前。这里面有很多石室，石室之间是相通的，上下一共3层，最深处距离地面约10米。

这座地下城开凿工程十分浩大，那些石柱、石屋的

建筑风格与马耳他许多古墓、庙宇十分相似。这些建筑都在地面上，它们却被埋在地下，里面难道有什么不同的地方吗？

诡秘幽玄的地下石室

考古学家在地窖中发现了两尊女人卧像，而且都是侧身卧的，还发现了另外几尊看起来很肥胖，样子很像有了小宝宝的妈妈石像。考古学家认为，这个地下室应该是个类似神庙的地方，而且他们崇拜的应该是地母。

在一个写着"神谕室"的石室中，有一堵墙被削去了几块，后面有个洞很像是壁龛，只能容得下一个人。如果一个人坐在里面说话，声音可以传到整个石室中，并且非常清晰。因为石室靠近顶部的位置沿着四周墙壁凿了一道缝隙，起到了很好的传声效果，尤其是女人高高的声调，更会让人有声从天降的感觉。

小朋友们可以想一下，你一个人在这样空荡荡的石室中，突然有人说话，那声音从顶部传来，在空间回荡，你会是什么感觉呀？

如果有人在那儿说话，整个石室中总会有一种阴森怪异的感觉。看来当初设计时就想到了这一点，不管是谁来这里敬神求谕，都会肃然起敬，诚惶诚恐。

为什么小室中会有骸骨

当人们还在惊叹"神谕室"设计的巧妙，沉浸在那个玄妙

的气氛中时，一个小室的出现让所有人都惊呆啦！这个小室宽度不到20米，里面竟然放了近7000个人的遗骸，这不是一个庙宇吗？怎么会出现那么多骸骨呢？难道这些人被什么人害了吗？或者这个地下室是传说中的妖精洞府吗？

这个室根本就容不下7000具尸体，所以骸骨并不是一具具完整的骷髅，里面骨骼是散落在地上的，看起来是因为移葬而集中到这个小室里的。

这种移葬的方法在一些原始民族是常用的埋葬方法。人死后土葬，然后等若干年后，尸体就会腐烂只剩下骨骼，然后再把这些骨头捡起来重新移到别处埋葬。如果依据这个习俗来说，这个小室应该就是那时人们移葬死者安息的地方，看来之前人们认为是神庙的观点是错误的，这个地下室应该是用来埋葬和祭祀用的墓室。

地下室到底是干什么用的呀

大家读到这儿一定会很迷糊，这个地下室既像一个神庙，又像一个墓室，它到底是做什么用的呢？

在分析这个问题前，我们先来确定一下这个地下室建筑的时间吧！

不同时期有着不同的建筑风格，根据这个地下室的建筑风格与地面上的相似建筑相比较，可以确定它大约建于公元前2400年前后，也就是石器时代。

在那个时代，马耳他居民用牛角和鹿角制成了凿子，拿着石槌把岩石开凿下来，筑建成了不少庙宇，并且许多屹立在地上的

庙宇都是模仿早期石墓建造的。那个时代初建的庙宇都会有两种用途，一种是人们敬神用的神庙，一种是用来埋葬死者，也就是祭祀用的墓室。

就这一点来说，也许这个地下室曾经是神庙，后来因为某些原因才会收了移葬的骸骨变成了墓室；或者说，它就是把以前惯用的方法倒过来，从修建时起就是一座仿神庙建造的墓室！至于它的真实情况我们无从得知，随着时间推移，它已经变成了一个谜！

猜猜看

什么是石器时代？

石器时代是考古学对早期人类历史分期的第一个时代，大约从距今二三百万年开始，到距今6000年左右结束。

远古的人类还没有学会制作工具，所以用天然的石头或者把石头砸成自己想要的形状来做工具使用，这就是石器时代的开始，人们把这个时期叫做旧石器时代。

之后的一段时间，人们有的学会了磨制，把石头磨成他们想要的工具，这也就从旧石器时代过渡到了新石器时代。

中国最早的古城市

这个地球留给我们不知道的秘密太多了，而考古发掘常常会深化我们对历史的认识。以前总是认为中国最早的城市在河南，没想到考古界又传来了新消息。你想不想知道人们又发现了什么呢？而且这座城市的发现带来的惊喜还不少呢！小朋友，一起来认识它吧！

考古发现一座城池

从 1991 年开始，经历过十多次的考古发掘，一座古代的城市终于展现在人们面前，人们看到了 6000 年前的城墙、道路和房基。每一次的发掘都让人们兴奋不已，城头山是中国发现的最早的古城遗址，国内外考古界的专家学者赞誉它为"稻作之源，城池之母"！

这座城在澧阳平原，地处长江中游，这里土壤肥沃、风调雨顺、物产丰富而且自然条件优越，在远古时代应该很适宜人类的繁衍。

人类最开始建的家园都会选择江河流域，这里一般气候温暖湿润，而且也很适宜动植物的生存。当时的城头山应该就是这样，有长江流过，有高大繁茂的松树、杉树、枫树，也有许多动物，如野鹿、野牛、大象等。

人们在这里找到了很多精美的文物，现在它们陈列在湖南省澧县博物馆中，其中有一件黑色陶盆，引起了人们的关注。

在这个黑色陶盆的盆壁外清晰地刻画着一个符号，两个尖对着尖的三角形，这样的符号并没有在同时期出土的陶器上出现过，它表示什么意思呢？也许是制作者留下的印记，也许是拥有者做的记号，也许它代表着一个部落，也许它表示着其他的信息，现在我们还无从判断，不过，它显然属于一座城市文化的一部分。

常德酒文化的发祥地

在涔澹农场出土的铜爵和铜觚，是迄今为止所见到的最早的酒器，从而人们断定常德应该就是酒文化的发祥地。但是没有地方记载常德酿酒起源于什么时候，这次城头山古城的发现，给常德酿酒的历史做了一次延伸。

在城头山周边的地区，出土了一个陶觚和一个陶温锅，它们的身上没有任何纹饰。原始时期，人们还不懂得太多装饰，陶器不太可能是小装饰品，从而证明了这两件东西应该是常德的史前酒器。

觚是古代的饮酒器，像我们现在用的大酒杯。在新石器时代就有了陶制的觚，城头山出土的陶觚是泥质的灰陶，外形像一个大喇叭，高圈足，在其颈根和足根套接处饰一周凸弦纹。

根据资料证明，它要比涔澹

农场出土的铜瓢早1400年左右。

温锅从名字上判断，很明显就是温酒用的吧？对，现在也有温酒用的温锅，古代人把温锅装上酒放在火中加热，这样就可以喝上温热暖胃的酒了！这个温锅是泥质黑陶，就像一个小锅的样子，开口的地方向外折着，正好可以架在炉的凸形边缘上，而且又方便取下来。看来城头山在史前就有了酒文化。

在城头山中心还发现了几座陶窑，这里应该就是当时陶器的生产中心。城头山的陶器不仅供自己城中的人使用，有可能在那个没有货币的年代，它被拿去与人交换，换回别的物品，所以两件酒器应该也是出自城头山的陶窑。

稻作之源，城池之母

城头山被国内外专家称为"稻作之源，城池之母"，这个荣誉可给城头山添了很大的一个光环。

在1997年的冬天，考古工作者在城头山东城墙附近，发现了三座平行排列着的古稻田，而且有一套相对完整的灌溉设施。根据测量，农田中的泥土下层距今6000～6600年，上层距今6300～6200年。从而推翻了中国的水稻是由东南亚传来的观点，证明了中国在驯化和栽培稻谷这一伟大事业中的历史功勋，也证明了中国水稻的发源地并不是洞庭湖，而是湖南的城头山。

　　在城头山，人们还发现了两座时代最早的完整祭坛和很多祭祀坑。在东城墙附近的一座椭圆形祭坛和祭祀坑就有约250平方米，里面有大量的殡葬品，其中也有活人殡葬的遗迹。可见当时在城头山居住的人很多，而且等级分明，不只是个简单的部落，而是已经形成了一定规模的"城市"。

　　我国现在已经知道的最早的一座城距今5300年左右，是仰韶文化晚期筑造的河南郑州西山古城。但是城头山出土的一些器物证明，城头山要比西山古城早800年左右。最让人振奋的是，城头山的考古证明了中国种植水稻比世界任何地方都要早。

猜猜看

人们是如何酿酒的呀？

古人最开始的时候是用发芽的谷粒酿酒，也就像现在的黄酒一样，甜甜的，没有多少酒精，古人叫它"醴"。后来，人们才掌握了用酒曲酿酒的方法。用曲酿造出来的酒也就像现在的白酒一样，但是没有那么清澈，不过这才可以说是真正的酒，酒精度大致在10%～18%，而且用的材料和工艺不同味道也会不同。

长安

千年之前的
繁华帝都

长安，也就是现在的西安一带，是古代君王很喜欢建都的地方。根据统计，以长安为都城的王朝有13个。所以长安城也成了考古工作者最感兴趣的地方。从20世纪50年代开始，他们就发现了在西安市以北，渭水南岸的一座2000年前的古城，也就是西汉的都城长安。现在我们就一起去解读一下2000多年前的都市吧！

尘封地下的长安真貌

　　从20世纪50年代起，我国的考古工作者就对长安这座古老的都城进行了发掘，终于探明了城池的结构、城门的位置、宫殿的布局及横竖交叉的街道，同时也出土了大量汉朝时留下的珍贵文物，下边我们就一起走进这座千年帝都吧！

　　长安城是一个长方形的城池，城墙是用黄土夯筑成的，四面城墙每面都开有三座城门。因为我国的房屋构建一般会南面开门，所以南墙的中间的南安门是长安城的主门，西面是西安门，东面是复盎门。东面城墙上的门从南向北依次是霸城门、清明门和宣平门；北面从东到西是洛城门、厨城门和横门；西面从北向南是雍门、直城门和章城门。每座城门之下都有三个门槽，门道各宽6米，可以容纳四辆大型马车同时过去。

　　各城门交叉相通，形成了贯通东西南北的交通网，而且每条大街都以城门的名字命了名。

　　12座城门中，靠南的4座，复盎门、霸城门紧临长乐宫，西安门、章城门紧临未央宫，每个宫也都有一条大街直通到城内。

　　这8条大街纵横交错，而且都经过了统一的规划，宽度都是45米左右，其中安门大街是长安城的南北中轴线，自南安门起，沿长乐宫、明光宫西墙北行，与宣平门大街相交，全长达5500米，是汉长安城内最长的街道。最短的是洛城门大街，长度不到1千米。根据记载，各条路中间的一条是"驰道"，宽20米左右，这条路只能皇帝才可以用，不管是官吏还是平民都只能从两边宽12米的道路上走。

长安城的**武库**是做什么的

已经清理出的长安城宫殿与其他王朝的宫殿相似，而且井然有序，但是令人们觉得神奇的就是长安古城的武器储备库，我们仿佛从武库中看到了一个不可小觑的王朝。

这座武库是萧何建成的，一直延续使用了 200 年。武库为长方形设计，东西长约 800 米，南北宽 320 米左右。四周是围墙，武库分为东西两个院落，中间用夯实的黄土墙隔开。

这些武器库分在东西两侧，呈品字形排列，每个库又分成了几个小间，而且每个库房中所保存的武器都不一样，有的放戟矛剑盾，有的放铠甲盔胄，有的放弓弩箭支，几乎没有一处是混放的，而且许多武器被有序地排放在兵器架上。我们可以了解在汉朝的时候军纪应该也是非常严格而统一的。

这个武库中出土的铁制兵器最多，像刀、斧、剑等，有些虽然已经生锈，但依然可以想象出它们当年的风采。同时也出土了铁铠甲，有的重达几十斤，也不知道古代的人是怎么穿的。但是很遗憾的是由于保存并不用心，大多已经锈结成块。

中国历代都城有哪些？

北京(明，清)

西安(汉，唐)

南京(南朝各代，那时叫建康或金陵)

杭州(南宋)

洛阳(北朝各代)

沈阳(后金，清朝入关前)

广州(南粤王)

成都(蜀，后蜀)

大理(在理国)

兰州(西夏)

当然这些并不能把各朝代的都城概括全，在五代十国时期，不断迁都没有计算在内，有些朝代也有流亡中建的都城，如果加上这些就更数不过来啦!

猜猜看

佛塔里的
宝贝舍利

小朋友喜欢读《西游记》的故事吗？
唐僧师徒四人经历了千难万险，打败了许
多妖魔鬼怪最后才到达西天，取得了真
经。佛教在我们国家历史上影响很大哟，
在各个地方都会有供奉佛像的寺庙，那你
们听说过法门寺吗？那里面珍藏着佛祖释迦
牟尼的真身舍利，而且法门寺地下宫殿中的宝贝更是
世间珍奇呢！你想知道吗？和我们一起去看一看吧！

重修法门寺佛塔

　　相传法门寺地宫中藏有佛祖释迦牟尼的一节手指骨舍利，因此寺塔又被尊称为大圣真身宝塔。

　　1981年，因为下大雨造成塔内积水，这座砖砌塔经不起雨水浸泡，倒塌了。为了保护文物建筑，国家重新修建了寺塔，并整修了殿宇。现在如果你去法门寺就可以看到整整齐齐、焕然一新的寺院了。

　　在大门的左右两边有钟鼓楼，中轴线上有5间佛殿，殿后是著名的仿明朝八角形法门寺塔，佛塔二层以上每面正中处各有一拱形龛洞，每个龛洞内安置一尊佛像，整个塔身全用青砖砌成。

　　法门寺虽然不是很大，但是佛塔下面却发现了世界上迄今为止年代最久远、规模最大、等级最高的佛塔地宫。

法门寺地宫中的宝贝

    在法门寺重修时，因为传说中的手指骨舍利就在佛塔中，所以世界的目光都聚集到了这里。考古工作者在清理佛塔塔基时，地宫不出人们所料出现在大家面前，当挖掘到法门寺塔下地宫后室的藻井大理石盖时，透过西北角裂缝，用手电筒照进去的时候，里面反射出了一道道耀眼夺目的光芒。

    考古工作者打开了地宫的石门，经过仔细清点，终于发现了传说中的佛指舍利，并且还发现了大量供奉舍利的物品。这些物品有金银铜铁器、瓷器、玻璃器、珠宝玉器、漆木器、石质器、杂器及大量的纺织品和货币，件件都十分精美，让人为之惊叹。在考古工作中，工作人员首先发现了佛塔供奉的纯金四门塔八重宝函。这个宝函一共有八层，而且每层都是用不同材质打造的。宝函第一层是用檀香剔雕而成的，因为年代久远，保存措施不善，所以发现时已经腐朽。第二、三、四层是银制的，第五、六、八层为纯金所制，第七层则是玉石所造。除第三层没有装饰外，其他的每一层都镌刻着精美图案，镶嵌着玲珑剔透的珠宝，华贵富丽，令人叹为观止。最精巧的是第八层，它是一个纯金铸成的亭式小塔，塔内有一个精致的小银棺，人们确信里面那枚洁白如玉的物品就是流传已久的佛指舍利。

但是出人意料的是，佛指舍利不是只有一个。随后又在地宫中室的汉白玉帐中发现了一个两层宝函。外层为铁制，里面是鎏金双凤盖纹银棺，第二枚佛祖指舍利就在里面。

第三枚佛指舍利是在更隐秘的地宫后室地下的一个小龛中发现的。小龛盛在一个四层宝函中，外用丝锦包裹，向内依次为鎏金造像银函、金包角檀香木函、嵌宝水晶椁、小白玉棺，佛指舍利放在晶莹玉润的小白玉棺中。

随后，又在地宫前室彩绘四铺阿育王塔中发现了第四枚佛指舍利。

为什么有四枚
舍利?

传说中只有一枚舍利,怎么佛塔中却有四枚呢?而且这四枚舍利形状大小几乎一样,到底哪一枚是佛陀真身舍利呢?

考古人员经仔细观察,发现这四枚中只有第三枚是骨质的,也就是在地宫后室的那一枚,它表面有粒状分泌物,并且有细微裂纹,中间是空的,内壁上有斑点,像是北斗七星一样,专家根据文献资料确信这就是那枚佛祖真身舍利。至于其余三枚,都是玉质仿品。

真身舍利也叫做灵骨,另外的三枚就是人们说的影骨。由于佛祖的真身舍利是有限的,人们为建塔弘法的需要,可以用一些珍贵物品,如宝石、珠玉、佛像、金银饰品乃至佛教经典作为替代品,这些物品也被叫做舍利。也许是为了防止人们把灵骨盗走,所以才会在不同的地方放置了影骨。

什么是舍利？

舍利有各种各样的形状，有的像珍珠，有的像玛瑙、水晶，有的十分透明，有的发出耀眼的光，就像钻石一样，但是它们可不是像钻石一样的矿石，而是佛教中一些高僧圆寂后火葬留下的东西。

一些功德很高的僧人或者俗家弟子，火化后不像一般人那样只有骨灰，他们的骨灰中会有一些结晶的小颗粒，有大有小，形状各异，这些就是人们说的舍利。至于为什么会形成舍利，这还是一个没解开的谜！

小测试

1、出土千年不腐女尸的马王堆
是哪一朝的古墓？
① 周朝　　② 汉朝
③ 晋朝　　④ 唐朝

2、古代的长安是现在的哪座
城市？
① 西安　　② 洛阳
③ 咸阳　　④ 郑州

3、红山文化属于古文明的哪一
个时代？
① 旧石器时代　　② 新石器时代
③ 青铜器时代　　④ 陶器时代

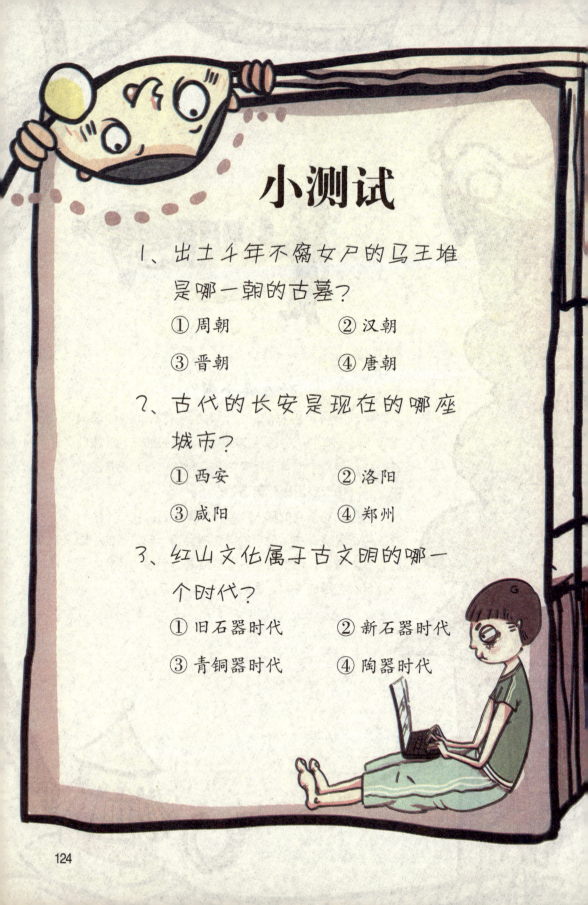